KYFFIN WILLIAMS

Bro a Bywyd • His Life, His Land

Golygydd • Editor

David Meredith

Cyhoeddiadau
barddas

RHAGAIR
David Meredith

Chwifed y baneri a senied y trwmpedi, mae'n 2018, blwyddyn dathlu canmlwyddiant geni Syr Kyffin Williams, RA. Eleni bydd Ymddiriedolaeth Kyffin Williams yn arwain y dathliadau ledled Cymru, yn Llundain ac yn Tsieina. Ond pwy oedd y gŵr hwn a edmygwn cymaint? Gwyliwr ar y tŵr oedd John Kyffin Williams, gwyliwr dros fuddiannau gorau Cymru a'r byd celf. Ef yn ddiamau oedd

prif arlunydd Cymru dyn a oedd ar dân dros ei alwedigaeth hunanddewisedig o fod yn arlunydd proffesiynol. Ni welodd Cymru artist mwy cynhyrchiol na mwy masnachol lwyddiannus na John Kyffin. Etifeddodd gariad at bobl gan ei dad a'i gyndeidiau a credai mai ei bortreadau oedd peth o'i waith gorau.

Rhoddodd Gymru a'i phobl ar bedastl, canodd fawl i'r greadigaeth drwy ei waith ac ysbrydolodd ni oll. Fel Cymro gwerth ei halen, roedd yn falch o'i dras a'i gysylltiadau a'i wreiddiau dwfn yn Ynys Môn, yn ardal Llansilin ym Mhowys ac yng Ngheredigion. Er mai Cymru, yn rhostiroedd, tai annedd a ffermydd, mynyddoedd, llynnoedd, eglwysi, capeli, arfordiroedd a llechweddau ysgithrog oedd prif feysydd ei weithgarwch fel artist paentiadau tirwedd, bu hefyd yn gweithio yn Ne America a nifer o wledydd Ewrop.

Y mae ei baentiadau olew, *gouache*, dyfrlliw a phen ac inc o'r Wladfa 1968/69 yn gasgliad unigryw ysblennydd o dirwedd, anifeiliaid, blodau, adar a phobl Patagonia, casgliad a gyflwynwyd ganddo i Lyfrgell Genedlaethol Cymru yn rhodd i'r genedl. Mae'r casgliad yn un o brif drysorau'r Llyfrgell.

Rhodd arall werthfawr a gyflwynodd Kyffin i Fôn ac i Gymru oedd casgliad o'i waith gwerth miliwn a mwy a roed i Oriel Môn yn Llangefni. Dangosir y gweithiau yma yn Oriel Kyffin Williams sydd yn rhan o Oriel Môn.

Teyrnged yw'r llyfr hwn i gyfaill, i ddyn annwyl, i Gymro glew, i ŵr ffraeth llawn hiwmor ac i greffftwr na welir ei debyg, ac os bu cenedlgarwr erioed, Kyffin oedd hwnnw. Canodd fawl i'r greadigaeth drwy ei waith ac ysbrydolodd ni oll gyda'i ddelweddau pwerus, llawn awyrgylch, delweddau sydd ynghrog mewn tai annedd, mewn galerïau a sefydliadau cenedlaethol, mewn ysgolion a cholegau, ar furiau coridorau ysbytai ac mewn neuaddau mawr a bach.

Cawr o ddyn oedd Kyffin Williams a chawr o artist. Cynorthwyodd i sefydlu galerïau celf ac i ddiogelu casgliadau celfyddydol pwysig i Gymru.

Meddai Alan Llwyd amdano mewn dau englyn cofiadwy:

Fesul darn, oddi arnom y rhwygwyd
tiriogaeth a gawsom
yn rhodd, yn Gymru eiddom,
pob carreg las, pob craig lom.

Ond rhag difa'n hunaniaeth, â'i gynfas
fel gwahanfur helaeth,
rhoi'n ôl i Gymru a wnaeth
dirweddau'i daearyddiaeth.

Bu'n fraint ac yn bleser i mi gael paratoi'r gwaith hwn.

FOREWORD

David Meredith

Fly the banners and sound the trumpets, 2018 is the centenary of the birth of Sir Kyffin Williams RA. This year, the Sir Kyffin Williams Trust is leading the celebrations throughout Wales, in London and in China. John Kyffin Williams was Wales' greatest artist. During the thirty five years that I knew him, he never ceased to amaze me with his determination and his discipline in his chosen profession of 'making a living by painting'. To many people, Kyffin was a painter in oil of majestic, often snow-clad mountains, dark and deep valleys and roaring waterfalls. But his seascapes were also inspiring, his paintings of trees and flowers colourful, light and delightful, his book cover designs outstanding, his linocuts distinctive and memorable and his cartoons and limericks abounding with humour.

His portraits in oil, watercolour and pencil are masterly. His Patagonian Collection, donated by Kyffin to the National Library of Wales, is a triumph recording the people, the land, the birds, the animals, the flora and fauna of Y Wladfa. No artist had a keener eye than Kyffin.

Oriel Môn at Llangefni, Anglesey, also benefited from his generosity, receiving a vast number of paintings and drawings, a truly remarkable collection.

It is not surprising that Kyffin was a masterly painter of mountains, of rock faces and valleys. He loved and understood the mountains and the farmers that farmed them, and took pride in the fact that Sir Andrew Crombie Ramsay, the man who contributed more than any other single individual to our knowledge of the geological structure of the mountains of Wales, was his great uncle. Kyffin knew the names of the mountains, rivers and villages of his native Anglesey and Gwynedd; he could name the birds that flew above him and the grasses and flowers growing beneath his feet.

Kyffin believed that some of his best paintings were portraits; he was at home with people. He wrote that it was from his father that he learnt of the importance of appreciating local characters living on Anglesey. It also helped him that so many of his forebears were parsons who ministered to the needs of their parishioners, indeed, people were paramount to them. As Kyffin once said 'I, too, have been obsessed with people'. He had been unable to resist the challenge of the portrait.

'Love' and 'mood' were words often used by Kyffin. A painting had to have mood, an artist had to love his subject matter. Throughout his long career – he painted for over sixty years – Kyffin was an Ambassador for the arts in Wales, championing young artistic talent in so many disciplines. But Kyffin was more than a portrait and landscape painter, he was an entertaining writer and lecturer – the teacher in him was never far from the surface.

Kyffin was never afraid to voice his creative opinions and was often a lone voice in seeking to give prominence to the fact that artists and sculptors such as Richard Wilson, Ivor Roberts Jones and John Gibson were proud Welsh artistic talents. But it is the story of Kyffin's own life that is told on the following pages. Kyffin the artistic giant, Kyffin the beloved man.

It's been my pleasure and privilege to record his remarkable story.

Cerflun o Kyffin gan ei gyfaill Ivor Roberts Jones yn Oriel Môn

A bust of Kyffin by his friend Ivor Roberts Jones at Oriel Môn

Hunanbortread
Self-portrait

*Kyffin yn arlunio ac yn lliwio
(dyfrlliw) llethrau Nant Peris*

*Kyffin drawing and colouring
the slopes of Nant Peris*

Kyffin

Gwynedd a'i maith glogwyni – a welir
Yn dy olew'n gwysi;
A deil dy gynfasau di
Hen Arwriaeth Eryri.

James Nicholas

Kyffin

Gwynedd and her unending crags are there
In the furrows of your oil;
Embedded in your canvases:
The old Heroism of Eryri.

James Nicholas

Teulu Treffos

Rhan o goeden deuluol tad Kyffin, Henry
Inglis Williams a rhan o goeden deuluol
ei fam, Esyllt Mary Williams

The Treffos family

Part of the family tree of Kyffin's father,
Henry Inglis Williams and part of his mother's
family tree, Esyllt Mary Williams

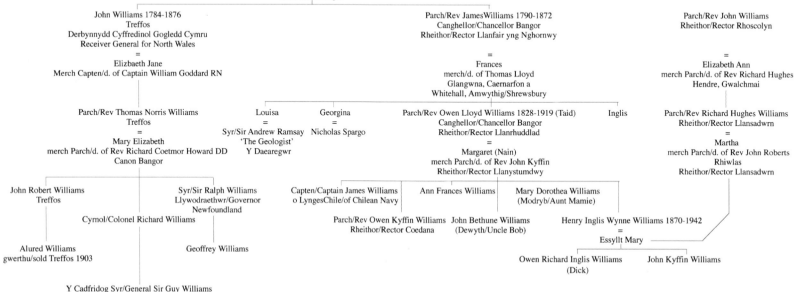

William ap John ap Rhys
Llandegfan, Ynys Môn/Anglesey

Wmffre 1661-1752
(Humphrey Williams)
=
Elizabeth
merch Parch/d. of Rev William Prytherch
Rheithor/Rector Llanfechell

Owen Williams 1698-1786
Treffos a/and Tregarnedd
=
Jane Lloyd
Hendre Howel

Thomas Williams AS/MP
Y Brenin Copor/The 'Copper King'

Parch/Rev John Williams 1740-1826
Treffos
Caplan y Dywysoges Augusta
Chaplain to Princess Augusta of Wales
Rheithor/Rector Llanfair yng Nghornwy
=
Eleanor
Merch Parch/d. of Rev James Vincent
Ficer/Vicar Bangor

John Williams 1784-1876
Treffos
Derbynnydd Cyffredinol Gogledd Cymru
Receiver General for North Wales
=
Elizbaeth Jane
Merch Capten/d. of Captain William Goddard RN

Parch/Rev JamesWilliams 1790-1872
Canghellor/Chancellor Bangor
Rheithor/Rector Llanfair yng Nghornwy
=
Frances
merch/d. of Thomas Lloyd
Glangwna, Caernarfon a
Whitehall, Amwythig/Shrewsbury

Parch/Rev John Williams
Rheithor/Rector Rhoscolyn
=
Elizabeth Ann
merch Parch/d. of Rev Richard Hughes
Hendre, Gwalchmai

Parch/Rev Thomas Norris Williams
Treffos
=
Mary Elizabeth
merch Parch/d. of Rev Richard Coetmor Howard DD
Canon Bangor

Louisa
=
Syr/Sir Andrew Ramsay
'The Geologist'
Y Daearegwr

Georgina
=
Nicholas Spargo

Parch/Rev Owen Lloyd Williams 1828-1919 (Taid)
Canghellor/Chancellor Bangor
Rheithor/Rector Llanrhuddlad
=
Margaret (Nain)
merch Parch/d. of Rev John Kyffin
Rheithor/Rector Llanystumdwy

Inglis

Parch/Rev Richard Hughes Williams
Rheithor/Rector Llansadwrn
=
Martha
merch Parch/d. of Rev John Roberts
Rhiwlas
Rheithor/Rector Llansadwrn

John Robert Williams
Treffos

Syr/Sir Ralph Williams
Llywodraethwr/Governor
Newfoundland

Cyrnol/Colonel Richard Williams

Capten/Captain James Williams
o LyngesChile/of Chilean Navy

Ann Frances Williams

Mary Dorothea Williams
(Modryb/Aunt Mamie)

Henry Inglis Wynne Williams 1870-1942
=
Essyllt Mary

Alured Williams
gwerthu/sold Treffos 1903

Geoffrey Williams

Parch/Rev Owen Kyffin Williams
Rheithor/Rector Coedana

John Bethune Williams
(Dewyth/Uncle Bob)

Owen Richard Inglis Williams
(Dick)

John Kyffin Williams

Y Cadfridog Syr/General Sir Guy Williams

Man Geni
Place of Birth

Adeiladau canol y dref a'r cloc
Town centre buildings and the clock

Tref enedigol Kyffin
Llangefni, Kyffin's birthplace

Croeso ⦿ Welcome
LLANGEFNI
Tref Farchnad
Market Town

Cloc y dref
The town clock

Tanygraig,
Llangefni, y tŷ
lle y'i ganed (fel
y mae heddiw)

Tanygraig,
Llangefni,
Kyffin's birthplace
(as it is today)

Y CYFNOD CYNNAR
EARLY TIMES

Kyffin yn fabi gyda'i fam,
Esyllt Mary Williams

As a child with his mother,
Esyllt Mary Williams

Kyffin yn cael ei fagu
Kyffin being nursed

Dick y brawd
yn y pram gyda'i
dad a'i fam

Brother Dick in
the pram with his
mother and father

Chwith / left:
Gwastadnant

Esyllt Mary Williams,
mam Kyffin

Esyllt Mary Williams,
Kyffin's mother

Eglwys Llanfair-yng-Nghornwy
Llanfair-yng-Nghornwy Church

Hen-nain Kyffin, Frances Williams
(arlunwraig fedrus iawn)

Frances Williams, Kyffin's great-
grandmother (a very able artist)

Hen-daid Kyffin,
y Parch. James Williams

Kyffin's great-grandfather,
Rev. James Williams

*Beddrodau James a Frances Williams a'u mab
Owen Lloyd Williams, Llanfair-yng-Nghornwy*

Gravestones of James and Frances Williams and their
son, Owen Lloyd Williams, Llanfair-yng-Nghornwy

In Memory of
JAMES & FRANCES WILLIAMS
who inspired the people of Anglesey to form a Lifeboat
Association & who placed the first boat at Cemlyn in 1828
& OF THEIR SON OWEN LLOYD WILLIAMS
who succeeded his father not only as chancellor of
Bangor Cathedral but also as the Coxswain
of the Cemlyn Boat

*Y garreg gerfiedig yn Eglwys
Llanfair-yng-Nghornwy yn
coffáu hen-daid a hen-nain
Kyffin, a hefyd ei daid*

The engraved slate plaque
at Llanfair-yng-Nghornwy
Church commemorating his
great-grandfather and great-
grandmother and their son,
Kyffin's grandfather – 'Taid'

15

Kyffin a'i dad
Kyffin with his father

Henry Inglis Wynne Williams, tad Kyffin
Henry Inglis Wynne Williams, Kyffin's father

Kyffin a'i dad
Kyffin with his father

'Taid', y Parch. Owen Lloyd Williams
'Taid', the Reverend Owen Lloyd Williams

Y ddau frawd gyda'u nyrs, Annie
The two brothers with their nurse, Annie

Y ddau frawd gyda'u mam a'u tad
The two brothers with their parents

Y ddau forwr
The two sailers

Y ddau frawd yn drwsiadus gyda Dr Lloyd
With Dr Lloyd – two brothers in matching coats!

Dick a Kyffin
Dick and Kyffin

Yn fach ar lin mam
Growing up – on mother's knee

Y plant yn cael pob gofal
gan eu mam a'u morwyn

The children given every attention
by their mother and their maid

Dick a Kyffin ar draeth Borth-y-gest

Dick and Kyffin on the beach at Borth-y-gest

Brynhyfryd

Plentyndod dedwydd y cartref dros dro, Brynhyfryd, ger Biwmares

Idylic childhood, the home for a while, Brynhyfryd near Beaumaris

Pen-blwydd
Dick ar y traeth

Dick's birthday
on the beach

Henry Inglis yn cael te yn y rhedyn!
Henry Inglis – tea in the bracken!

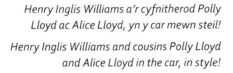

Henry Inglis Williams a'r cyfnitherod Polly
Lloyd ac Alice Lloyd, yn y car mewn steil!

Henry Inglis Williams and cousins Polly Lloyd
and Alice Lloyd in the car, in style!

Tad Kyffin a'r fuwch yn Lledwigan
Kyffin's father and cow at Lledwigan

Y lôn heibio i Ledwigan ger Llangefni
The lane past Lledwigan on the outskirts of Llangefni

Y ddau frawd
The two brothers

Dick a Kyffin – y ddau actor
Dick and Kyffin – the two actors

Kyffin wrth ei fodd ar gefn ceffyl
Kyffin the expert horseman

Henry Inglis gyda'r ceffylau yn Lledwigan

Henry Inglis with the horses at Lledwigan

Y ddreser deuluol
The family dresser

Dick a Kyffin
Kyffin and Dick

Plas Gwyn ger Petrefelin,
y cartref yn Eifionydd

Plas Gwyn, the home near
Pentrefelin in Eifionydd

Gyda'i hoff Bonzo
With his beloved Bonzo

Lledwigan, y cartref ger Llangefni
Lledwigan, the home near Llangefni

Yn barod i wersylla
Ready for camping

YSGOL AMWYTHIG

SHREWSBURY SCHOOL

Bu Kyffin yn Ysgol Amwythig rhwng 1931 a 1936 (cyn hynny yn Ysgol Bae Trearddur 1925–1931). Ysgol annibynnol oedd hon yn wreiddiol i fechgyn rhwng 13 a 18 oed. Ymhlith y cyn-ddisgyblion mae Charles Darwin, y naturiaethwr, Michael Heseltine, y gwleidydd, a dau o sefydlwyr *Private Eye*, Willie Rushton a Richard Ingrams – heb sôn am groestoriad rhyfeddol o arweinwyr mewn nifer helaeth o feysydd yng ngwledydd Prydain a thramor.

Kyffin attended Shrewsbury School between 1931 and 1936 (before then he was at Trearddur Bay School 1925–1931). This independent school was originally for boarders, boys between 13 and 18. Amongst the famous 'old boys' were Charles Darwin, the naturalist, Michael Heseltine, the politician, and two of the founders of *Private Eye* magazine, Willie Rushton and Richard Ingrams, as well as a remarkable list of leaders in every aspect of life in Britain and abroad.

Wedi gadael Ysgol Amwythig ym 1936, ymhen y rhawg trefnodd ei dad swydd iddo gyda'r asiantaeth tir 'Yale and Hardcastle' ym Mhwllheli.

After leaving Shrewsbury School in 1936, Kyffin's father found a job for him with the land agents 'Yale and Hardcastle' in Pwllheli.

*Mam Kyffin yn sefyll o flaen drws
Lledwigan ger Llangefni*

*Kyffin's mother by the door of
Lledwigan, the home near Llangefni*

*John Kyffin Wlliams,
y gŵr ifanc*

*Young master
John Kyffin Williams*

Henry Inglis ym Mhlas Gwyn
Henry Inglis at Plas Gwyn

Henry Inglis, a garai bobl ac a ysbrydolodd Kyffin i ddilyn ei asiampl. Rheolwr banc wrth ei waith.

Henry Inglis who loved people and who inspired Kyffin to follow his example. He was a bank manager by profession.

Yr heliwr
'And the hunter home from the hills'

*Esyllt Mary
Williams*

Dechrau'r gystadleuaeth, y car a'r ceffyl
The competition begins, the car and the horse

Kyffin gyda'i gyfeillion a'i gydnabod ganol yr 1940au
Chwith i'r dde: Edmund Westby, Kyffin, Douglas Hicks, Geoffrey Crawshay, Morys Cemlyn Jones, Wynne Cemlyn Jones, Leonard Twiston-Davies

Kyffin with friends and acquaintances in the mid 1940's
Left to right: Edmund Westby, Kyffin, Douglas Hicks, Geoffrey Crawshay, Morys Cemlyn Jones, Wynne Cemlyn Jones, Leonard Twiston-Davies

Roedd Kyffin wrth ei fodd yn ymuno â Chapten Geoffrey Crawshay a Syr Wynne Cemlyn Jones ac eraill i saethu ar fawndiroedd ac eangderau'r mynyddoedd gyda'u pencadlys yn Llandinam

Kyffin delighted in joining people like Captain Geoffrey Crawshay, Sir Wynne Cemlyn Jones and others, to shoot grouse on the heather-covered slopes of Mid-Wales, with Llandinam as their base

'Roedd y dyddiau saethu a drefnid gan Gapten Crawshay yn unigryw: dewisid y saethwyr i gynrychioli gwahanol agweddau ar fywyd Cymru yn hytrach nag am eu gallu i saethu'n syth ... am wythnos byddai milwyr, morwyr, personau, penseiri, beirdd, derwyddon, cantorion a phlismyn yn saethu dan oruchwyliaeth y gwestai.'

Kyffin, *Across the Straits*

'Captain Crawshay's shoot was unique in that the guns were selected as representatives of different facets of Welsh life, rather than for their ability to shoot straight ... for a week soldiers, sailors, parsons, architects, bards, druids, singers and policemen shot under the leadership of their host.'

Kyffin, *Across the Straits*

Kyffin gyda Chapten Crawshay, Leonard Twiston-Davies, William Crawshay, Tony Twiston-Davies, y Parch. T. Hollingdale, Tim Edwards, Fisher Evans, Merfyn Jones, Watkyn Watkins

Kyffin with Captain Crawshay, Leonard Twiston-Davies, William Crawshay, Tony Twiston-Davies, Rev. T. Hollingdale, Tim Edwards, Fisher Evans, Merfyn Jones, Watkyn Watkins

'Byddai'r saethu'n digwydd ar lethrau Pumlumon lle mae afon Hafren ac afon Gwy yn codi.'

Kyffin, *Across the Straits*

'The shoot took place on the slopes of Plynlimon where the Severn and the Wye rise.'

Kyffin, *Across the Straits*

'Aros mae'r
mynyddau
mawr'

'I am
dreaming
of the
mountains
of my home'

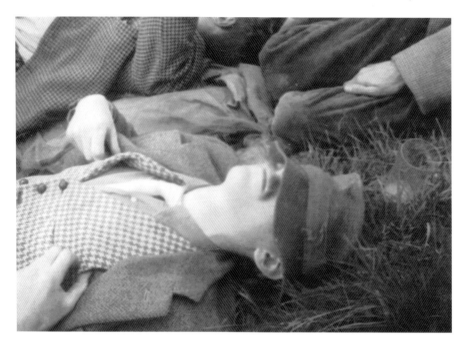

Gorffwys, cwsg
Heaven on earth, literally!

'Cefndir cyfnewidiol
y cwmwl a'r mynydd.'
   Kyffin, *Across the Straits*

Lluniau camera gan Kyffin

The everchanging
backcloth of cloud
and mountain.'
   Kyffin, *Across the Straits*

Photographs by Kyffin

Paentiadau brwsh
cynnar gan Kyffin

Early brush paintings
by Kyffin

I'R FYDDIN

Comisiynwyd Kyffin i Chweched Bataliwn y Ffiwsilwyr Brenhinol Cymreig ym 1937. Bu'n gwasanaethu gyda'i fataliwn yn nhref Lurgan yng Ngogledd Iwerddon. Ond fe'i gorfodwyd i adael y Fyddin. Dioddefai gydag epilepsi. Dywedodd doctor wrtho: 'Gan eich bod mewn gwirionedd yn abnormal, credaf y byddai'n syniad da i chi ddechrau arlunio'. Yn Hydref 1941 aeth Kyffin yn fyfyriwr i Ysgol Gelf y Slade.

JOINING THE ARMY

Kyffin was commissioned with the 6th Battalion of the Royal Welch Fusiliers in 1937. He served with his battalion in the town of Lurgan in Northern Ireland. Suffering from epilepsy, he was forced to leave the Army. Inspected by a doctor, he was told: 'As you are in fact abnormal, I think it would be a good idea if you took up art'. In 1941 Kyffin entered the Slade School of Art as a student.

Chwith / left:
Llyn Cynwch

*Kyffin, canol ar y
chwith, a Dick ei
frawd ar y dde*

*Kyffin, centre left,
and Dick his brother
on the right*

Dick yn y Fyddin
Dick in the Army

Yn Lurgan, Gogledd Iwerddon, 1939
At Lurgan, Northern Ireland, 1939

*Kyffin yng nghanol
y rhes flaen*

*Kyffin in the centre
of the front row*

Kyffin yng nghanol yr ail res o'r gwaelod
Kyffin in the centre of the second row from bottom

I'R COLEG,
I'R SLADE

TO COLLEGE,
TO THE SLADE

Ysgol Celfyddyd Gain y Slade

Bu Kyffin yn Ysgol y Slade, yr ysgol gelfyddyd gain, rhwng 1941 a 1944. Roedd yr ysgol wedi symud o Lundain i Rydychen i Amgueddfa'r Ashmolean yn ystod y rhyfel, ac yno y bu Kyffin dan ofal Randolph Schwabe (Kyffin: chwith, yn sefyll yn y blaen).

Slade School of Fine Art

Kyffin attended the Slade School of Fine Art between 1941 and 1944. The school had moved from London to Oxford during the war, to the Ashmolean Museum and Kyffin studied there under Randolph Schwabe (Kyffin: front, extreme left).

1941–44 Kyffin yn fyfyriwr yn Ysgol Gelfyddyd y Slade (Llundain), a oedd wedi symud i Rydychen yn ystod y rhyfel

1941–44 Kyffin as a student at the Slade School of Fine Art (London) which was moved to Oxford during the war

Ychydig ddwdlo!
A bit of doodling!

'Pan euthum i'r Slade euthum yno gyda'r bwriad o fod yn athro celfyddyd mewn ysgol breswyl breifat gyfforddus. Nid oedd y syniad o fod yn baentiwr o ddifri wedi dod i'm meddwl. Diddanwn fy hun drwy feddwl am feysydd chwarae, brain yn nythu mewn coed y tu ôl i gapel yr ysgol – bywyd gwaraidd addfwyn athro mewn ysgol breswyl.'

Kyffin, *Across the Straits*

'When I went to the Slade it was with the sole intention of becoming an art master at some comfortable public school; no idea of ever being a serious painter had entered my mind. Bent upon doing what my housemaster had done before me, I indulged in thoughts of playing fields, rooks nesting in trees behind the chapel, the gentle civilised life of a master at a public school.'

Kyffin, *Across the Straits*

Y Slade, Llundain
The Slade, London

Yr Ashmolean, Rhydychen, lle'r ymsefydlodd y
Slade yn ystod y rhyfel (dechrau'r pedwardegau)

Ashmolean Museum, Oxford, where the Slade
was based during the war (early forties)

Kyffin, ar y rhaglen Reflections in a Gondola *yn rhyfeddu at waith Piero della Francesca*

Kyffin, on the Reflections in a Gondola *programme, in awe at Piero della Francesca's painting*

YSBRYDOLIAETH
INSPIRATION

'Roeddwn o ddifri wedi meddwl mai edrych ar rywbeth ac yna ei roi i lawr oedd arlunio. Yn sydyn, gwelais baentiad gan Piero della Francesca yn Llyfrgell Amgueddfa yr Ashmolean, sef *Atgyfodiad Crist*. Mi drawodd fi, lloriodd fi, roedd y fath emosiwn ynddo, a naws anhygoel, naws pwerus, iawn, iawn. Gwnaeth i mi wylo wrth ei weld, roedd dagrau'n powlio i lawr fy ngruddiau, chwithdod mawr – dyna oedd fy ffordd i Ddamascus, a dweud y gwir, fy nhroedigaeth, o achos dechreuais sylweddoli y dylai rhywbeth ysbrydol ddod i mewn i arlunio, rhywbeth sydd bron yn gyfan gwbl ar goll y dyddiau hyn, ac mae'n drueni mawr. Roedd yna ysbryd yng ngweithiau'r hen baentwyr a chariad at ddynoliaeth.'

Kyffin mewn cyfweliad â David Meredith,
Kyffin in Venice, 2006

I really thought that art was looking at something and putting it down. Suddenly, I saw a painting by Piero della Francesca in the Library of the Ashmolean Museum; it was the *Resurrection of Christ*. It actually hit me, poleaxed me – the emotion in it and the mood, incredible mood – powerful, powerful mood. It made me weep when I saw it, tears just rolled down my cheeks – it was very embarrassing – and that was my road to Damascus, my conversion really, because I began to realise that there's something spiritual which should come into painting – something which is almost entirely lacking today, which seems such tragedy. In these old painters, there was a tremendous love of humanity and a spirit.'

Kyffin in an interview with David Meredith,
Kyffin in Venice, 2006

c.1460 Ffresco gan Piero della Francesca (1415–92), Atgyfodiad Crist. *Mae'r gwreiddiol yn nhref enedigol Piero, sef Sansepolcro, Umbria, yr Eidal, yn mesur 88 5/8 x 78 modfedd.*

c.1460 Fresco by Piero della Francesca (1415–92), The Resurrection of Christ. *The original painting is in the town of Sansepolcro, Umbria, Italy, measuring 88 5/8 x 78 inches.*

Trefnwyd llun o gylch llinell fertigol sy'n rhannu'r darlun yn ddau. Gesyd Piero y gaeaf ar y llaw chwith i'r llinell a'r haf ar y dde. Mae'r newid yma yn y tymhorau yn pwysleisio aileni Crist ei hun. Dylid dehongli'r llun drwy edrych arno o'r chwith i'r dde. Mae troed Crist mewn safle diddorol – ar erchwyn y bedd, gan roi'r argraff ei fod ar fin camu ymlaen. Roedd Piero yng nghanol trafodaeth y cyfnod am bersbectif. Cyferbynnir hefyd rhwng cwsg (y milwyr) ac agwedd effro y Crist. Fel y tystiodd Kyffin ei hun, wylodd wrth weld y llun am y tro cyntaf.

The painting is divided by a vertical line – Piero portrays winter on the left hand side and summer on the other. This change in the seasons underlines the rebirth of Christ himself and Christ's foot on the edge of the grave makes the figure appear as if it is going to step forward. There is also a vivid contrast between the sleeping soldiers and the dynamic live Christ. As Kyffin himself testified, he wept when he saw this painting for the first time.

Llanddwyn

I'R CYFANDIR – PAENTIO DRAMOR

TO THE CONTINENT – PAINTING ABROAD

These are some of the many drawings I have done in different parts of the world between 1950 and 1990. They have been made in pencil, ink, watercolour and wash; in wind and rain, in sun, and sometimes when the frost was on the ground. They were all made as possible subjects for paintings, but also to satisfy that creative urge that overtakes most people when travelling abroad. I hope I have been able to convey some of my enthusiasm for these far-away places.

KYFFIN WILLIAMS, Pwllfanogl 1992

Cyflwyniad gan Kyffin i arddangosfa yn Oriel Tegfryn, Porthaethwy, 1992

Introduction by Kyffin to an exhibition in the Tegfryn Gallery, Menai Bridge, 1992

Yn Chwefror 1950 croesodd Kyffin y sianel am y tro cyntaf. Dros y blynyddoedd cafodd brofiad gwerthfawr o ymweld â'r Eidal, Gwlad Groeg, Yr Iseldiroedd, Iwerddon, Ffrainc ac Awstria, a thaith fawr ei fywyd i Batagonia, wrth gwrs.

In February 1950, Kyffin crossed the channel for the first time. Over the years, he visited and painted in many countries, Italy, Greece, Holland, Ireland, France and Austria, and his great adventure, his visit to Patagonia.

Lluniau o Kyffin a chyfaill, David Smith, yn paentio dramor

Photographs of Kyffin painting abroad with fellow artist, David Smith

'Môr a mynydd i mi'

Twixt mountain and sea

ATHRO YN YSGOL HIGHGATE, LLUNDAIN (1944–1973)

TEACHER AT HIGHGATE SCHOOL, LONDON (1944–1973)

The Quadrangle, Highgate School

'... gwelais fod angen rhywun yn barhaol ar Mr Geoffrey Bell o Highgate i redeg eu hadran ...

Cefais gyfweliad a chroesawyd fi gan ŵr tal, wyneb hir gyda mop o wallt gwyn yn disgyn dros ei dalcen. Dyma Geoffrey Bell, Prifathro Coleg Trent hyd yn ddiweddar, dyn o natur ddymunol ac o gryn allu. Yr oeddem yn hoff o'n gilydd a chefais y swydd. Roedd hwn yn un o'r digwyddiadau mwyaf lwcus yn fy mywyd.'

Kyffin, *Across the Straits*

'... saw that Mr Geoffrey Bell of Highgate needed someone permanently to run their department ...

I was given an interview and was met by a tall, genial, long-faced man with a mop of white hair that fell across his brow. This was Geoffrey Bell, late headmaster of Trent College, a man of considerable charm and ability. We liked each other and I got the job. It was one of the luckiest moments of my life.'

Kyffin, *Across the Straits*

Bu'r bardd adnabyddus T. S. Eliot hefyd yn athro yn Ysgol Highgate.
T. S. Eliot, the renowned poet, was also a teacher at Highgate.

49

THE QUADRANGLE, HIGHGATE SCHOOL, 1949

[To face p. 54

Ysgol Highgate, 1946, gyda Kyffin ymhlith yr athrawon, y drydedd res o'r blaen, ar y dde

Highgate School photo 1946, with Kyffin amongst the teachers, third row from front, on the right

HIGHGATE SCHOOL

Kyffin yn y dosbarth yn Ysgol Highgate gyda rhai o'i ddisgyblion

Kyffin in the classroom at Highgate School with some of his pupils

Mewn cyfnod pan oedd y weithred o ddysgu yn ffurfiol iawn, tystia nifer o gyn-ddisgyblion Kyffin ei fod yn wych o anffurfiol ac yn eu denu at bwnc celfyddyd.

At a time when teaching was very formal, several 'old pupils' at Highgate during Kyffin's time bear witness to his wonderful inspirational informality.

Ystafell Kyffin, Ysgol Highgate, 2008
The Kyffin Room, Highgate School, 2008

Mewn llythyr i'r *Times*, meddai Roderick Thomson, cyn-ddisgybl i Kyffin:

'Wrth fynychu'r Ysgol Gelf fel disgybl yn Highgate ym 1950, amgylchynwyd fi gan ddiwylliant, brwdfrydedd a rhyddfrydigrwydd John Kyffin Williams, gŵr tal wedi ei wisgo mewn trowsus *khaki* a chôt o frethyn Cymreig a thei y Ffiwsilwyr Brenhinol Cymreig. Ym mhen draw stiwdio hir, roedd casgliad o luniau o fyd celf. O dan y rhain ar lwyfan bychan a thu ôl i ddesg dal, gul, eisteddai Kyffin ar ddechrau'r sesiwn yn cynnig pynciau, awgrymiadau a dulliau posibl (o weithredu). Wrth i ni weithio, cerddai o gwmpas yn annog, yn cynhyrfu'r dyfroedd, yn llawn brwdfrydedd, ac yn helpu. Gan mor agored ei agwedd, ei eiriau a'i weithredoedd, llwyddai i gyfleu, heb fod yn haearnaidd, hanfod gwirionedd a didwylledd, sef y gwerthoedd a reolai ei fywyd ef ei hun ac a dreiddiodd i'w waith arlunio, ei baentiadau, ei brintiau, ei lyfrau a'i lwyddiannau dinesig.'

In a letter to *The Times*, Roderick Thomson, one of Kyffin's former pupils, said:

'On entering the Art School as a pupil at Highgate in 1950 one was enveloped by the culture, enthusiasm and liberality of John Kyffin Williams, a tall, rangy figure dressed in khaki trousers, a coat of Welsh tweed and a Royal Welch Fusiliers tie. At one end of the long studio, there was a frieze of posters of works of art. Below this, on a dais and behind a tall, narrow desk, sat Kyffin at the start of a session, offering topics, suggestions and possible methods. As we worked he would lope around stirring things up, enthusing, encouraging, helping. By the openness of his approach and his words and actions he conveyed, without didacticism, the absolute necessity of truth, sincerity and integrity, values by hich he steered his own life and which permeate his drawings, paintings, prints, writings and civic achievements.'

Kyffin yn ysbrydoli'r plant – canol yr 1940au
Kyffin inspiring his pupils – mid 1940's

Pentre Pella

Llyn Cau, Cader Idris, 1947

Wrth arlunio ar Gader Idris ym 1947, cyfarfu Kyffin
â bachgen ifanc a ddechreuodd sgwrsio ag o.
Soniodd y gŵr ifanc wrth Kyffin am yr 'awen' gan
ailadrodd y gair drosodd a thro. Ni wyddai Kyffin
beth oedd y bachgen yn ceisio'i ddweud. Roedd
Kyffin yno i weithio, gwaith oedd hyn oll iddo ef.
Wedi mynd i lawr o'r mynydd y diwrnod hwnnw,
dechreuodd Kyffin feddwl y gallai, efallai, efallai
yn wir, ennill ei fywoliaeth drwy fod yn arlunydd.

Drawing on the slopes of Cader Idris in 1947 Kyffin
met a young man who stopped to converse with
him. Looking at his work, the young man exclaimed:
'Ah, the muse' and repeated the words again, 'the
muse'! Kyffin didn't understand what he meant, he
was there to work, to draw, to paint. Having climbed
down the mountain back to his lodgings at the end
of the day, Kyffin began to think maybe, just maybe,
he could earn a living by being an artist.

Cader Idris, 2004

PATAGONIA

TO PATAGONIA

Antur fawr ei fywyd oedd ymweliad Kyffin ym 1968 â Phatagonia yn Ne America. Bu aelodau o'i deulu yno o'i flaen a chyda help y Fonesig Amy Parry-Williams, darbwyllwyd Pwyllgor Churchill fod yna Gymry Cymraeg yn byw ac yn trigo ym Mhatagonia a chafodd Kyffin ysgoloriaeth i fynd yno i gofnodi eu bywyd a'u gwlad.

Visiting Patagonia in South America in 1968 was a great adventure for Kyffin. Members of his family had been there before him. With help from Lady Amy Parry-Williams, he managed to convince the Winston Churchill Trust that there were indeed Welsh-speaking men and women in Patagonia. Kyffin was awarded the Winston Churchill Fellowship to record the people and their land and the birds and animals.

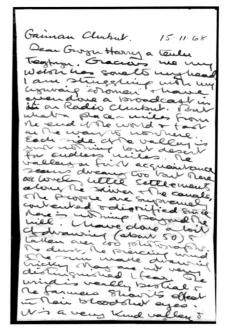

Meddai Kyffin am Batagonia: 'Roedd yn destun llawenydd darganfod popeth ym Mhatagonia mor gyffrous a gwahanol. Yr anifeiliaid, yr adar, y coed a'r blodau, dim ond y bobl yr un fath, yn ffodus. Teimlwn y gallwn fod wedi cyfarfod â nhw yn unrhyw le yng Nghymru, o Landudno i Abertawe.'

Kyffin, *A Wider Sky*

'Yr oedd ceisio cyfleu Patagonia yn symbylydd gweledol a aeddfedodd gelfyddyd Kyffin gan ei baratoi ar gyfer gyrfa hir a llwyddiannus, yn artist o bwysigrwydd cenedlaethol a rhyngwladol.

Felly mae Patagonia yn rhan o'n hanes ac yn rhan o'n presennol. Bu'n gymorth i greu un o'n hartistiaid mwyaf nodedig ac i'n dysgu amdanom ein hunain.'

Paul Joyner

(Ar achlysur agor arddangosfa 'Gwladfa Kyffin' Llyfrgell Genedlaethol Cymru, 24 Medi, 2005. Cyhoeddwyd llyfr, Gwladfa Kyffin, i gyd-fynd â'r arddangosfa.)

Kyffin writing about his visit to Patagonia: 'It was a joy to find everything in Patagonia so exciting and different. The animals, the birds, the trees, the flowers, only the people were happily the same. I felt I could have met them anywhere in Wales from Llandudno to Swansea.'

Kyffin, *A Wider Sky*

'Seeking to interpret Patagonia was a visual catalyst that matured Kyffin's art and prepared him for a long successful career as an artist of national and international importance.

Patagonia, therefore, is a part of our history and of our present. Patagonia helped to create one of our most noteable artists and has helped us to learn about ourselves.'

Paul Joyner

(Tribute to the great artist in one of Kyffin's last exhibitions, 'Gwladfa Kyffin', which opened at the National Library of Wales, 24 September, 2005. The book Gwladfa Kyffin was published to support the exhibition.)

De America
South America

Ym Mhatagonia, cofnoda Kyffin fod afon Chubut a'r brif ffos-ddyfrio yn rhedeg ochr yn ochr â'i gilydd mewn lle o'r enw Lle Cul islaw clogwyni ar ochr ogleddol y dyffryn. Yno ar fferm gyfagos y clywodd Kyffin lais yn gweiddi 'Paid, paid!' ar gi uchel ei gyfarthiad. Yn y man, cyfarfu â theulu'r fferm, y tad, a'r fam ac un mab – hwn oedd y teulu Reynolds, teulu a oedd wedi ymfudo o Gymru ganrif ynghynt – o Geredigion. Gerllaw porai dau geffyl mewn corlan ddigon cyntefig. Un o'r ceffylau hyn yw'r ceffyl yn *Ceffyl yn Lle Cul* – ceffyl y teulu Reynolds – ceffyl a lle sydd wedi eu hanfarwoli bellach!

In Patagoia, Kyffin records that 'at a place named Lle Cul, the Chubut River and the main irrigation ditch flowed side by side below the cliffs at the northern side of the valley'. It was here on a hot November day that Kyffin heard a barking sheepdog on a nearby farm, being repremanded with the words 'Paid, paid!' ('Stop, stop!'). Shortly afterwards, Kyffin met the family who lived at the farm, the father and mother and their son, whose surname was Reynolds, and whose family had emigrated from Cardiganshire a century before. Kyffin noted that 'two fine horses stood in a rough corral below the desert cliff', hence his painting *Ceffyl yn Lle Cul – Horse at Lle Cul –* the horse owned by the Reynolds family.

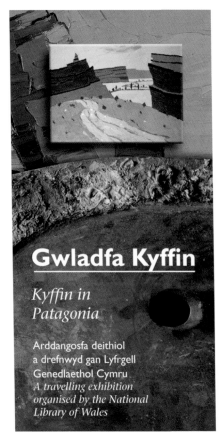

Gwladfa Kyffin

Kyffin in Patagonia

Arddangosfa deithiol
a drefnwyd gan Lyfrgell
Genedlaethol Cymru
*A travelling exhibition
organised by the National
Library of Wales*

Andrew Green, Llyfrgellydd y Llyfrgell Genedlaethol
ar y pryd, Kyffin a Dr Paul Joyner (cyn- bennaeth
Uned Pwrcasu a Rhoddion y Llyfrgell Genedlaethol),
yn ystod agoriad swyddogol yr Arddangosfa
'Gwladfa Kyffin' ym Modelwyddan.

Andrew Green, the National Librarian at the time,
Kyffin, and Dr Paul Joyner (former head of the
Purchasing and Donations Unit at the National
Library), at the official opening of 'Kyffin in Patagonia'
– a travelling exhibition at Bodelwyddan.

*Kenneth Griffith, yr actor adnabyddus o Ddinbych-y-pysgod,
yn holi Kyffin yn ei stiwdio yn Llundain am ei luniau a'i
baentiadau o Batagonia, ar gyfer rhaglen i Deledu Harlech,
Etcetera ... Etcetera ... (1970)*

*Kenneth Griffith, the well-known actor from Tenby,
interviewing Kyffin in his London Studio for the Harlech
Television Programme* Etcetera ... Etcetera ...*(1970)*

*Un o'i luniau o fynwent ym Mhatagonia ar raglen
Kenneth Griffith*, Etcetera ... Etcetera ...

*One of his ink wash paintings of a Patagonian
graveyard for the programme* Etcetera ... Etcetera ...

Bu Kyffin yn y Wladfa am bedwar mis, 1968/69.
Kyffin spent four months in Patagonia, 1968/69.

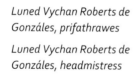

Y diweddar Tegai Roberts, darlledwraig a Churadur yr Amgueddfa

The late Tegai Roberts, Broadcaster and Museum Director

Luned Vychan Roberts de Gonzáles, prifathrawes

Luned Vychan Roberts de Gonzáles, headmistress

Dwy chwaer a fu'n gymorth i Kyffin yn y Wladfa

Two sisters who were of great assistance to Kyffin in Patagonia

Amgueddfa'r Gaiman, Patagonia

'Mi euthum i Batagonia Gymreig i gofnodi'r tir, y bobl ac arweddau natur, fel y gwnâi arlunydd dyfrlliw o'r ddeunawfed ganrif. Ni fwriadwn gynhyrchu gweithiau celfyddyd ond pe digwyddai hyn drwy ryw hap, gorau oll. Bu'n rhaid i mi ddefnyddio cyfryngau newydd gan na allwn gludo olew gyda mi dros bellterau maith Chubut. Yn Llundain y gwneuthum y darluniau hyn a hwy yw gwir uchafbwynt fy ymweliad â gwlad sydd mor bell o Gymru, ac mor wahanol iddi.'

(Rhagymadrodd Kyffin yn y llawlyfr o Arddangosfa o Luniau o Batagonia o Waith Kyffin, Eisteddfod Genedlaethol Bangor a'r Cylch, 1971)

The Museum, Gaiman Patagonia

'I went to Welsh Patagonia purely to record the land, the people and the natural history, much as an eighteenth-century watercolourist would have done. I never intended to produce works of art but if this did happen by chance, it was all to the good. I had to use new mediums, since I could not carry oils with me over the vast distances of the Chubut. These paintings, done in London, are the real culmination of my visit and are my interpretation of a land so far from, and so different to, Wales.'

(Kyffin's introduction in the catalogue of an Exhibition of Paintings of Patagonia, National Eisteddfod of Wales, Bangor 1971)

Yr Olygfa o Drefelin tua Gorsedd y Cwmwl
Looking from Trevelin towards Gorsedd y Cwmwl

Machlud dros Ddyffryn Camwy
Sunset over Dyffryn Camwy

Dyn a cheffyl yn yr anialwch
Man and horse in the desert

63

Mae stori R. Bryn Williams,
Y March Coch, *yn rhan o'n
chwedloniaeth ac wedi bod yn
help i gadw'r ymwybyddiaeth
o'r Wladfa yn fyw yng Nghymru*

*R. Bryn Williams' Patagonian
story* Y March Coch *is a part of
Welsh folklore and has helped to
keep the identity of Patagonia
alive in Welsh minds*

Un o luniau camera gwych Kyffin
Kyffin's brilliant camera work in Patagonia

HAFAN KYFFIN, PWLLFANOGL

KYFFIN'S HAVEN, PWLLFANOGL

Pwllfanogl, ei gartef
Pwllfanogl, his home

Y stiwdio
The studio

Lôn Pwllfanogl – y ffordd a fyddai'n atgoffa ymwelwyr o Batagonia am ffyrdd y Wladfa!

The road to Pwllfanogl, according to Kyffin, reminded Patagonian visitors of the roads back home!

Bob haf, byddai Kyffin yn gadael ei gar y tu allan i'r garej ac yn gadael y drws ar agor i'r gwenoliaid gael nythu yno

Every summer, Kyffin would leave his car outside the garage and leave the garage door open, for the swallows to build their nests

Pwllfanogl, Llanfairpwllgwyngyll
Ynys Môn LL61 6PD
01248 714693

24.3.04

Dear Ura

So good to get your card. Would the Penrhos Arms at about 1.0 on April 6th suit you? I hope so.

I hope your family & the horses flourish.

Best wishes

Kyffin

P.S. Come here at about 12.40.

*Tafarn Penrhos, Llanfairpwll, lle byddai
Kyffin yn cael aml i bryd o fwyd*

*Penrhos Arms, Llanfairpwll, where
Kyffin had many a meal*

*Roedd Kyffin yn llythyrwr
toreithiog a byddai'n cyrchu
i'r blwch postio coch yn
Llanfairpwll yn gyson*

*Kyffin was a prolific letter
writer and the red post
box at Llanfairpwll was
a regular destination*

Kyffin a'i fab bedydd, Nicholas Sinclair
Kyffin with his godson, Nicholas Sinclair

Kyffin wrth ddrws ei stiwdio ym Mhwllfanogl

Kyffin at the door of his studio at Pwllfanogl

Pwrpas newydd i'r cyfeiriadur rhifau ffôn!

A highly original use for the telephone directory

Symudodd Kyffin o Lundain i Bwllfanogl ym 1974, wedi ystyried gwahanol fannau yn gartref ac yn stiwdio – roedd yn rhaid cael y golau iawn mewn stiwdio ar gyfer ei waith. Bu'n ddigon ffodus o dan arweiniad Ardalyddes Môn i ddarganfod Pwllfanogl, tŷ ym mherchnogaeth yr Ardalyddes ac Ardalydd Môn, tŷ mewn man preifat, tawel ar lan y Fenai gyda phanorama o fynyddoedd Eryri o'i flaen. Roedd y tŷ wedi bod yn dafarn ar un adeg a'r adeiladau eraill gerllaw wedi cynnal diwydiant paratoi llechi yn 'llyfrau ysgrifennu' i ysgolion y wlad yn yr oesoedd cynt. Roedd un adeilad y tu ôl i'r tŷ yn berffaith – ar ôl iddo gael ei addasu – ar gyfer stiwdio. Yno yr ymgartrefodd Kyffin – dyma ei baradwys, dyma ei angor.

Kyffin moved from London to Pwllfanogl, Anglesey, in 1974, having looked at many locations for a home and a studio – a studio where the light had to be right. Under the guidance of the Marchioness of Anglesey he was fortunate to be shown Pwllfanogl, a house in the ownership of the Marquess and the Marchioness – a house in a private, secluded location with the waters of the Menai Straits within a few feet of his front door and the magnificence of Eryri straight ahead of him. This was to be his home for 32 years. The house had been a tavern at one time and some of the buildings nearby had housed a small factory producing slate books for schools. The building behind the house, with some adaptations, was the ideal studio. This would be Kyffin's home and work area – this would be his haven, his anchor.

Kyffin ar yr aelwyd ym Mhwllfanogl. Y tu ôl iddo,
y llechen gerfiedig gan Jonah Jones gyda'r geiriau isod:

'Fel y brefa'r hydd am yr afonydd dyfroedd,
felly yr hiraetha fy enaid amdanat Ti, O Dduw.'

Kyffin on the hearth at Pwllfanogl. Behind him the
slate engraved by Jonah Jones – with the words below:

'As the hart panteth after the water-brooks,
so panteth my soul after Thee, O God.'

CANU CLODYDD – MAWRYGU'R ENW
SINGING HIS PRAISES – MOURNING HIS LOSS

Kyffin
(Syr John Kyffin Williams RA,
Pwllfanogl, Ynys Môn, 1918–2006)

Ger Pwllfanogl, ar y Fenai,
Yn y dŵr yr oedd aderyn:
Alarch ydoedd, alarch claerwyn.

O Bwllfanogl, ger y Fenai,
Aethai oddi yno Kyffin;
Ni ddychwelai yno wedyn.

Mae y drws yn gaead yno,
Ac nid yw Kyffin yn ei stiwdio –
Dim arlunydd, dim arlunio.

Dacw gyffro mawr adenydd
Wrth i'r alarch dorri o'r dyfroedd,
A dyrchafu fry i'r nefoedd.

Ond gadawodd yn y meddwl
Ei bresenoldeb gwyn, rhyfeddol,
Fel darn o rywbeth sy'n dragwyddol.

Kyffin yntau a aeth ymaith;
Ond ni all t'wllwch du marwolaeth
Ddifa lliwiau ei fodolaeth.

Gwyn Thomas

71

David Meredith yn cyflwyno copi o'i lyfr, Kyffin in Venice,
i Kyffin ar yr aelwyd ym Mhwllfanogl (2006)

David Meredith presents Kyffin with a copy
of his book, Kyffin in Venice at Pwllfanogl (2006)

Landlordiaid Pwllfanogl a chyfeillion Kyffin,
y diweddar Ardalydd ac Ardalyddes Môn.

Fel yr ysgrifennodd Kyffin yn *A Wider Sky*: 'Dechreuais
un o'r cyfnodau mwyaf boddhaol yn fy mywyd fel
tenant i Henry Paget, Seithfed Ardalydd Môn'.

Kyffin's great friends and landlords, the late
Marquess and the Marchioness of Anglesey.

As Kyffin noted in *A Wider Sky*: 'I entered on one of
the most satisfactory periods of my life as the tenant
of Henry Paget, Seventh Marquess of Anglesey'.

74   *Mynydd Parys*
      Parys Mountain

KYFFIN
A'R ORIEL

KYFFIN
AND ORIEL MÔN

Kyffin yn ymweld ag Oriel Môn adeg
arddangosfa Portreadau *1993*

Kyffin visiting Oriel Môn during
the Portraits *exhibition 1993*

Agoriad swyddogol Oriel Môn gan Ei Mawrhydi y Frenhines,
25 Hydref, 1991. O'r chwith i'r dde: Maer Cyngor Bwrdeistref
Môn, Goronwy Parry, y Frenhines, y Gwir Anrhydeddus Wyn
Roberts AS a Kyffin.

Official opening of Oriel Môn by Her Majesty the Queen,
25 October, 1991. From left to right: the Mayor of Anglesey
Borough Council, Goronwy Parry, the Queen, the Right
Honourable Wyn Roberts MP and Kyffin.

Kyffin yn 2004 yn archifdy Oriel Môn yn trafod
gyda'i gyfaill John Smith

Kyffin in 2004 at the archive room at Oriel Môn
discussing matters with his friend John Smith

Kyffin gyda swyddogion, arlunwyr a gwesteion yn Oriel Môn adeg arddangosfa Tirwedd *1995 – yn cynnwys Leon Gibson, yr Arglwydd Cledwyn Hughes, Dennise Morris, Peter Prendergast, Karel Lek, Keith Andrews a David Woodford*

Kyffin with officials, artists and guests at Oriel Môn during the Landscape *exhibition 1995 – included are Leon Gibson, Lord Cledwyn Hughes, Dennise Morris, Peter Prendergast, Karel Lek, Keith Andrews and David Woodford*

Arddangosfa yn Oriel Kyffin Williams
An exhibition in Oriel Kyffin Williams

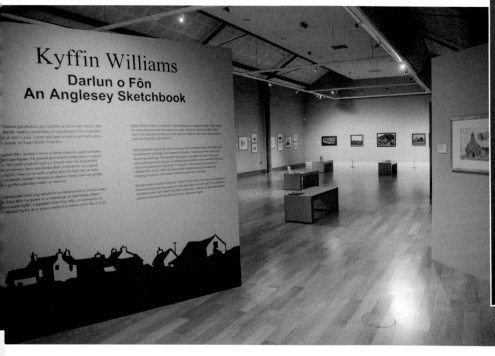

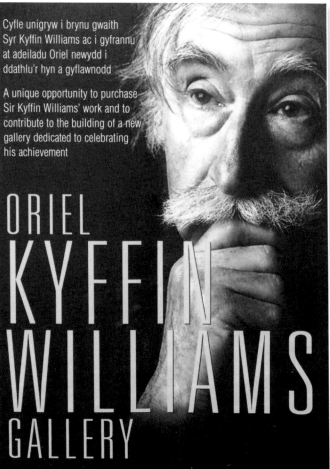

Taflen i hyrwyddo gwerthu printiau
Kyffin i ariannu Oriel Kyffin Williams

Pamphlet to promote the sale of Kyffin
prints, to finance Oriel Kyffin Williams

Llanrhwydrus £250
Darlun inc • Ink drawing 14½x11" 37x28cm

Erys Syr Kyffin Williams fel un o artistiaid enwocaf a mwyaf uchel ei barch yng Nghymru. Bu Oriel Ynys Môn yn ffodus iawn o gael Syr Kyffin Williams fel hyrwyddwr i'r celfyddydau ym Môn a bu'n gefnogwr brwd a gweithgar o waith yr Oriel ers ei hadeiladu bron i 15 mlynedd yn ôl.

Yn ei haelioni, rhoddodd Syr Kyffin Williams dros 400 o waith celf gwreiddiol a cherfluniau i Oriel Ynys Môn, o sgetsys i ddarluniau i waith olew sylweddol. Mae'r Oriel yn diogelu'r casgliad mawr a phwysig hwn â balchder arbennig, er budd pobl Môn a'i hymwelwyr.

Dymuna Oriel Ynys Môn ddathlu'r cyfraniad aruthrol a wnaed gan Syr Kyffin Williams i'r Oriel ac i'r celfyddydau yn gyffredinol. Rhoddodd Syr Kyffin Williams sêl bendith ar brosiect uchelgeisiol a chyffrous sy'n bwriadu sefydlu oriel arddangos ychwanegol ar safle Oriel Ynys Môn, o'r enw 'Oriel Kyffin Williams'. Bydd yr oriel newydd yn arddangos enghreifftiau o waith Syr Kyffin Williams o gasgliadau creiddiol Oriel Ynys Môn a chasgliadau eraill a fenthycwyd o leoedd eraill.

Carmel £350
Darlun inc • Ink drawing 22½x17" 57x43cm

Sir Kyffin Williams remains as one of Wales' most celebrated and respected artists. Oriel Ynys Môn, Llangefni has been extremely fortunate in having Sir Kyffin Williams as an advocate for the arts on Anglesey and he has been an active and enthusiastic supporter of the work of the Gallery since its construction nearly 15 years ago.

Kyffin Williams generously donated over 400 original works of art and sculpture to Oriel Ynys Môn, ranging from sketches to drawings to major oils. The Gallery prides itself on this large and important collection which it holds for the benefit of the people of Anglesey and its visitors.

Oriel Ynys Môn wishes to celebrate the immense contribution made by Sir Kyffin Williams to the Gallery and the arts in general. Sir Kyffin Williams gave his seal of approval towards an ambitious and exciting project aimed at establishing an additional exhibition gallery on the Oriel Ynys Môn site, to be named the 'Kyffin Williams Gallery'. The new gallery will display examples of Sir Kyffin Williams' work from the Gallery's own collections and from collections borrowed from elsewhere.

**Môr garw yn Nhrearddur £400
Rough sea at Trearddur**
Darlun dyfrliw • Watercolour drawing 22x17½" 57x45cm

Ffermwr
Darlun dyfrliw
Farmer
Watercolour drawing 17½x12" 57x45cm
£300

YMDDIRIEDOLAETH SYR KYFFIN WILLIAMS

Rhif elusen: 1115684

Yn ddiweddar fe sefydlwyd Ymddiriedolaeth yn enw Syr Kyffin Williams er mwyn cefnogi'r prosiect o wireddu'r Oriel Kyffin Williams newydd. Bydd yr Ymddiriedolaeth yn mynd ati wedi hyn i hyrwyddo gwaith Syr Kyffin Williams mewn sawl maes ac yn annog datblygiad gwaith celf artistiaid ifainc yn benodol.

PRINTIAU KYFFIN WILLIAMS

Cynhyrchwyd 12 print newydd, a ddewiswyd o'r gwaith gwreiddiol a roddwyd i Oriel Ynys Môn gan Syr Kyffin Williams ei hun, fel modd i gynorthwyo'r ymgyrch i godi'r arian i adeiladu Oriel Kyffin Williams. Cynhyrchwyd y printiau gan Curwen Press, Caergrawnt, sef rhediad o 350 o bob print, oll wedi eu harwyddo'n bersonol gan yr artist.

Dyma gyfle unigryw i'r rhai sy'n mwynhau ac yn casglu celf i brynu peth o waith Syr Kyffin Williams, a'r un pryd cynorthwyo Oriel Ynys Môn ac Ymddiriedolaeth Syr Kyffin Williams i adeiladu Oriel bwrpasol yn enw'r artist arbennig hwn, a fydd yn ddathliad parhaol o'i lwyddiant ef.

THE SIR KYFFIN WILLIAMS TRUST

Charity number: 1115684

A Trust in Sir Kyffin Williams' name has recently been established to support the project of completing the new Kyffin Williams Gallery. The Trust will go on to promote the work of Sir Kyffin Williams in many areas and will encourage the development of young artists in particular.

KYFFIN WILLIAMS PRINTS

Twelve new prints, selected from the original works donated to Oriel Ynys Môn by Sir Kyffin Williams himself, have been produced to assist with raising the funds necessary to build the Kyffin Williams Gallery. Produced by Curwen Press, Cambridge each print has a limited edition run of 350, and individually signed by the artist himself.

This is an unique opportunity for art lovers and collectors to purchase some of Sir Kyffin Williams' work, and at the same time, assist Oriel Ynys Môn and the Sir Kyffin Williams Trust to build a new gallery in honour of this great artist, which will be a permanent celebration of his achievement.

Pentre Pella £400
Darlun dyfrliw • Watercolour drawing 20x17½" 57x44cm

Mynydd Bodafon £350
Darlun inc • Ink drawing 20x15½" 52x39cm

Bwthyn *Darlun dyfrliw* **£400
Cottage** *Watercolour drawing 21x16½" 55x42cm*

Moelfre £350
Darlun inc • Ink drawing 20x17" 51x43cm

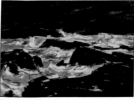

Trearddur £300
Darlun dyfrliw • Watercolour drawing 15x11½" 28x33cm

Caernarfon £400
Dyfrliw • Watercolour 16x13" 41x33cm

Fedw Fawr £350
Darlun inc • Ink drawing 23½x16" 60x33cm

Aberffraw £400
Darlun dyfrliw • Watercolour drawing 20½x17½" 51x45cm

CASGLIAD TUNNICLIFFE YN ORIEL MÔN

THE TUNNICLIFFE COLLECTION AT ORIEL MÔN

Charles Tunnicliffe

Roedd Kyffin yn gyfaill agos i Charles Frederick Tunnicliffe, yr arlunydd adar. Trigai Tunnicliffe yn Ynys Môn hefyd, a pherswadiodd Kyffin yr Academi Frenhinol i gynnal arddangosfa o'i waith unigryw ym 1974. Pan fu farw Tunnicliffe ym 1981, roedd perygl i'w gasgliad lluniau gael eu gwerthu a mynd ar chwâl, ond drwy ymdrechion Kyffin a'i gyfeillion, a Chyngor Môn, arbedwyd y casgliad. Bymtheng mlynedd yn ddiweddarach, gyda Kyffin ar flaen y gad unwaith eto, sefydlwyd Oriel Môn i gadw gwaith Tunnicliffe a'i arddangos i'r cyhoedd.

Charles Tunnicliffe

Kyffin was a personal friend of Charles Frederick Tunnicliffe, who also lived in Anglesey. It was Kyffin who persuaded the Royal Academy in London to exhibit his work in 1974. Kyffin once said of Tunnicliffe's work, 'He paints dead birds', but he was a great admirer of his work. When Tunnicliffe died in 1981, Kyffin saved his remarkable collection for Anglesey and Wales, putting together an audacious bid with the help of influential friends and Anglesey County Council. Fifteen years later, Kyffin was again to the fore in bringing into being Oriel Môn in his home town of Llangefni, to give a home to Tunnicliffe's work and provide an exhibition area.

Llangwyfan

Ffermydd Llanbadrig
Farms, Llanbadrig

Golygfa o arfordir gorllewin Môn
A view of west Anglesey coastline

EI SIR FÔN, DIRION DIR

HIS BELOVED ANGLESEY

Kyffin gartref ym Mhwllfanogl
Kyffi at home at Pwllfanogl

Môn a Menai

Llon y gwenai
Afon Fenai
Gyda glennydd Môn;
Coedydd tirion,
O, mor irion
Ddechreu'r haf y trôn'.
Mae dy wên fel tegwch Menai,
Tirf wyt ti fel gwanwyn Môn.

Yng nghanghennau
Irion brennau
Clir a phêr yw tôn
Adar llawen
Yn eu hawen
Gyda glennydd Môn.
Mae dy lais fel llais yr adar
Sydd yn canu 'nghoedydd Môn.

Mwy y'm denai
Môn a Menai
Nag y gallaf sôn;
Mi ddychwelwn
Awn lle'r elwn
Fyth yn ôl i Fôn.
Mwy y'th gerais di, f'anwylyd,
Mwy na Menai, mwy na Môn.

John Morris Jones

Eisteddfod Genedlaethol Ynys Môn 1983

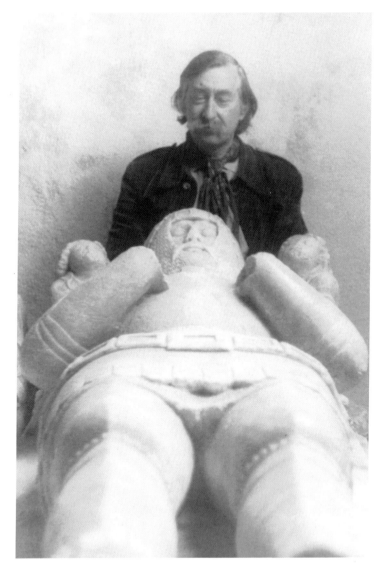

*Kyffin yn Eglwys Penmynydd,
Ynys Môn, yn gweld y cerflun carreg*

*Kyffin inspects the effigy at
Penmynydd Church, Anglesey*

*Brodorion Môn yn rhoi'r byd yn ei le
Men of Môn discussing matters*

Kyffin a'i enwog VW
Kyffin and his famous VW

O Barras
From Barras

Aberffraw

KYFFIN
Y CARTWNYDD

KYFFIN
THE CARTOONIST

O'r chwith i'r dde, yr Aga Khan, Prif Rabi Gwledydd Prydain, y Gwir Anrhydeddus Arglwydd Jakobovits, Mary Robinson, Llywydd Gweriniaeth Iwerddon, Kyffin a'r Athro Vaughan Jones yn derbyn gradd anrhydedd gan Brifysgol Cymru ym 1993. Derbyniodd Kyffin radd Doethur mewn Llên.

From left to right, the Aga Khan, Chief Rabbi of the UK, the Right Honourable Lord Jakobovits, Mary Robinson, President of the Irish Republic, Kyffin and Professor Vaughan Jones receiving an honorary degree from the University of Wales in 1993. Kyffin was awarded the D.Litt.

Yr oedd gan Kyffin synnwyr digrifwch adderchog. Tra oedd yn Fenis, yn ystod pryd min nos wedi diwrnod o ffilmio, treuliodd Kyffin a'r criw y noson yn llunio limrigau. Byddai'n targedu rhai gwleidyddion ac unrhyw un y barnai Kyffin ei fod yn hunanbwysig – byddai hwnnw neu honno, neu'r rheini yn sicr o fod yn darged!

Kyffin had a great sense of humour and delighted in writing outrageous, clever limericks. During his stay in Venice filming, he spent an evening over a meal with the film crew reciting limericks he had already written and writing new ones on the spur of the moment. Humbug was immediately targeted as were a few politicians!

A ghastly old fellow from Bala was possessed of a terrible pallor. The reason they said was because he was dead like the rest of the people of Bala

Un gondola â thwristiaid ac un hebddynt!
One gondola with tourists and one without!

86

Crawshay Bailey thought he'd kill
Spanish bulls down in Seville.
The occasion over-awed him
For the bull it went and gored him

CYNLLUNIAU KYFFIN A'I DDYLAWAD

KYFFIN'S DESIGNS AND INFLUENCE

Logo i Oriel Môn
Logo for Oriel Môn

Logo ar gyfer poteli gwin
Pant Teg, Llysfaen, Caerdydd

Logo for Pant Teg
Wine, Lisvane, Cardiff

Cynllun clawr y nofel Un Nos Ola Leuad
(Dywedodd Kyffin lawer gwaith mai dim ond proflen
oedd hwn – yn ddiarwybod iddo rhuthrwyd y gwaith!)

Book cover design for Un Nos Ola Leuad (Kyffin
always maintained that this was only a proof – that
the design was surreptitiously rushed to print!)

Dathlu Canmlwyddiant Cymdeithas Amaethyddol Frenhinol Cymru

Lleisiau'r Wlad

20 o'r
caneuon gorau
gan eich
hoff gantorion

R·WAS·CAFC

1904 - 2004

Cerflun i ddathlu canmlwyddiant Cymdeithas Amaethyddol Frenhinol Cymru: y ffarmwr, ei gi a'i hwrdd. Gwelir y cerflun ar faes Sioe Frenhinol Cymru yn Llanelwedd, Llanfair-ym-Muallt. Ysbrydolwyd y cerflun o'r ffarmwr gan un o bortreadau Kyffin.

The sculpture unveiled in the centenary year of the Royal Welsh Agricultural Society: the farmer, his dog and his ram. The sculpture of the farmer was inspired by one of Kyffin's paintings of a farmer.

Caniataodd Kyffin ddefnydd o'i lun Ffarmwr yn y Storm; *ar gyfer cryno-ddisg Cymdeithas Amaethyddol Frenhinol Cymru, pan oedd y Gymdeithas yn dathlu ei chanmlwyddiant yn 2004*

Kyffin allowed the use of his ink wash Farmer in the Storm *for the cover of a CD by the Royal Welsh Agricultural Society during its centenary celebrations, 2004*

89

Y CANWR
A'R ARLUNYDD

THE SINGER
AND THE ARTIST

*James Dean Bradfield
a Kyffin ger y cerflun* Morwyn y Môr

*James Dean Bradfield
and Kyffin view* Sea
Maiden

Roedd James Dean Bradfield, prif leisydd y grŵp pop Manic Street Preachers, yn un o edmygwyr mwyaf Kyffin. Yn 2006 ymwelodd ef a'i wraig Myléne â Kyffin ym Mhwllfanogl. Cyfansoddodd gân am y profiad, 'Which Way to Kyffin'. Roedd yr ymweliad wrth fodd Kyffin.

James Dean Bradfield, lead singer of the pop group Manic Street Preachers, greatly admired Kyffin and his work. In 2006, James and his wife Myléne visited Kyffin at Pwllfanogl. James wrote a song inspired by the visit, 'Which Way to Kyffin'. Kyffin thoroughly enjoyed their visit.

Derbyniodd cyfaill Kyffin, Ivor Roberts Jones, gomisiwn i lunio cerflun er cof am Churchill. Roedd Ivor mewn penbleth un diwrnod. 'Doedd ganddo yr un gôt ryfel ar gyfer ei modelu, ond daeth Kyffin i'w achub. Roedd ganddo hen gôt ryfel yn ei fan. Safodd yn y gôt i'w modelu i Ivor, felly côt Kyffin yw côt y gŵr mawr yng nghanol Llundain.

Kyffin's friend, Ivor Roberts Jones, accepted a commission to prepare a sculpture of Winston Churchill. One day at his studio, Ivor was in a dilema. He did not have an army grey coat to complete his sculpture. Kyffin came to the rescue – he had a grey coat in his van! Kyffin modelled the coat for Ivor. Churchill is wearing Kyffin's coat in Westminster, London!

Castell Caernarfon
Caernarfon castle

Kyffin yn astudio'r ceffyl ar y buarth

Kyffin studying the horse on the farmyard at Pennant

Roedd Kyffin yn hoff iawn o geffylau. Derbyniodd wahoddiad gan Myfanwy ac Ifor Lloyd i Derwen, Ynys-hir, Pennant, Aberystwyth, i baentio un o'u hoff geffylau.

Kyffin was very fond of horses. He accepted Myfanwy and Ifor Lloyd's invitation to visit Derwen, Ynys-hir, Pennant, Aberystwyth, home of the famous *Derwen Stud*, to paint of one of their favourite horses.

Myfanwy ac Ifor Lloyd gyda Kyffin yng ngardd Pwllfanogl, wrth gerflun David Williams-Ellis, Morwyn y Môr

Myfanwy and Ifor Lloyd at Pwllfanogl with David Williams-Ellis's sculpture, Sea Maiden

Braslun cychwynnol
Preliminary sketch

Kyffin yr arlunydd ar fuarth Ynys-hir, Pennant

Kyffin sketching at Ynyshir, Pennant

Kyffin yn y stiwdio gyda Myfanwy Lloyd a'i mab, Dyfed

Kyffin in the studio with Myfanwy Lloyd and her son, Dyfed

KYFFIN YR YSBRYDOLWR A'R PORTREADWR

KYFFIN, INSPIRER AND PORTRAIT ARTIST

Plant Ysgol Gynradd Casmael yn astudio gwaith Kyffin

Children from Puncheston School studying Kyffin's work from their art collection

Tystia Alun Ifans, Prifathro Ysgol Casmael, Sir Benfro, fod Kyffin wedi bod yn hynod o hael wrth yr ysgol yn cyfrannu printiau o'i waith ar gyfer eu casgliad lluniau.

Byddai Kyffin yn croesawu dosbarthiadau o blant a'u hathrawon i ymweld ag o ym Mhwllfanogl. Ystyriai Kyffin brintiau o'i ddarluniau yn arf pwysig o safbwynt lledaenu gwybodaeth am fyd celf. Roedd yn athro ar hyd ei oes.

Alun Ifans, Headmaster of Puncheston Primary School, Pembrokeshire, bears witness to Kyffin's generosity to the school contributing prints of his work to their comprehensive art collection.

Kyffin would regularly welcome teachers and schoolchildren to visit his home at Pwllfanogl, and he would distribute prints of his work believing passionately that prints of drawings and paintings were important artistic tools to enhance art appreciation. He was a teacher all his life.

Taid

Ei frawd, Dick

His brother, Dick

Gwilym Iestyn Owen
(paentiwyd pan oedd Kyffin yn 26)

Gwilym Iestyn Owen
(painted when Kyffin was 26)

Elis Gwyn yn trafod portread Kyffin o Gwilym Iestyn Owen (*Taliesin*, Nadolig 1987) ac yn dyfynnu Gwilym: Dw i'n cofio be fyddwn i'n licio gael. Roedd gynnyn nhw ryw swis rôl mwya rhyfeddol, a phaned o de dda. Hanner coron, panad o de, a'r swis rôl – y swis rôl yn fwy o werth na'r ddau arall efo'i gilydd.' Dyma fel y mae Gwilym yn blasu'r cof amdano'i hun yn mynd i eistedd i Kyffin baentio'r portread ohono. Golygodd hynny dri ymweliad o ddwyawr ar y tro, a'r un oedd y wobr heb eithriad. Enillodd yr arlunydd yntau wobr am y portread mewn cystadleuaeth yn y Slade, a dyna ddechrau ei yrfa fel portreadydd (26 oed oedd Kyffin yn paentio hwn).

Elis Gwyn writing about Kyffin's Gwilym Iestyn Owen portrait and quoting Gwilym (*Taliesin*, Christmas 1987): 'I remember what I liked to have. They had a very peculiar Swiss roll and a good cup of tea. Half a crown, a cup of tea and the Swiss roll, and the Swiss roll was more valuable than the other two put together.' That's how Gwilym fondly recalls how he would sit for Kyffin to have his portrait painted. This meant three visits, of two hours at a time, and always the same award. The artist won a prize at the Slade for his portrait, and this was the beginning of his career in portrait painting.

'Cyn diwedd y saithdegau comisiynwyd Kyffin Williams i baentio portread o Syr Thomas Parry, yr ysgolhaig a'r llenor. Gwahoddwyd Syr Ben Bowen Thomas a minnau i gael golwg ar y gwaith gorffenedig. Yn ei stiwdio ym Mhwllfanogl, gosododd Kyffin y cynfas ar yr isl. Ni ddywedwyd yr un gair. Ymhen hir a hwyr, meddai Syr Ben: '... dyna Thomas ar ei ben.'

Nid yn unig yr oedd ynddo debygrwydd – mater pwysig i bob portreadydd – ond yr oedd fel petai cymeriad Syr Thomas yn pelydru o'r cynfas. Yr oedd yn sicr yn waith o wir gelfyddyd.'

Llion Williams Cyn-gyfarwyddwr
Cymdeithas Gelfyddydau Gogledd Cymru
(Llyfryn Oriel Môn, Portreadau)

'In the late 1970s Kyffin Williams was commissioned to paint a portrait of Sir Thomas Parry, the great Welsh scholar. Sir Ben Bowen Thomas and myself were invited to a review of the finished work. In his studio in Pwllfanogl, Kyffin Williams lifted the canvas on to the easel. Not a word was spoken. After what seemed like an eternity, Sir Ben exclaimed: 'He's caught Thomas perfectly.'

Not only was it a likeness – a matter of concern to all portrait painters – but the very character of Sir Thomas seemed to radiate from the canvas. It was indeed a true work of art.'

Llion Williams Former Director
North Wales Arts Association
(Oriel Môn's booklet, Portraits)

'Mae ei bortreadau nid yn unig yn llawn angerdd a thensiwn, ond mae ynddynt ddynoliaeth a chadernid. Dyma'r nodweddion sy'n tarddu o gymeriad yr artist ei hun.'

Llion Williams

'The portraits of Kyffin Williams are highly charged with passion and tension but also have great humanity and strength. These same qualities emanate from the character of the artist himself.'

Llion Williams

*Alun Llywelyn-Williams, bardd,
llenor, a chyfaill*

*Alun Llywelyn-Williams, poet,
literary figure, and friend*

*Alun Oldfield Davies,
Rheolwr BBC Cymru*

*Alun Oldfield Davies,
Controller BBC Wales*

Dr Huw T. Edwards,
Prif Weinidog answyddogol Cymru

Dr Huw T. Edwards,
Wales' unofficial Prime Minister

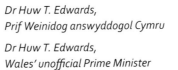

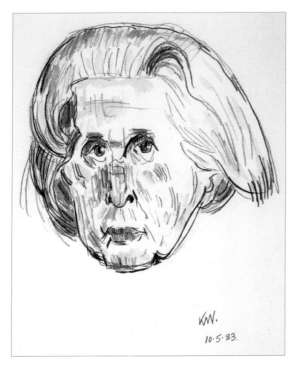

Yn 1983, comisiynwyd Kyffin gan HTV Cymru i baentio llun o Kate Roberts yn ei henaint. Euthum gyda Kyffin i'w thŷ yn Ninbych. Cyflwynodd HTV y gwreiddiol i'r Llyfrgell Genedlaethol yn Aberystwyth (gol.).

In 1983, HTV Wales commissioned Kyffin to paint the portrait of Kate Roberts. I travelled with Kyffin to Kate Roberts' home in Denbigh. The original portrait was presented to the National Library (ed.).

KYFFIN A'R GYMRAEG

'I PAINT IN WELSH'
(KYFFIN, 2006)

Pwllfanogl, Llanfairpwllgwyngyll, Gwynedd. LL61 6PD
Llanfairpwll 714693

Cerflun o Syr Geraint Evans gan Ivor Roberts Jones

Bronze sculpture of Sir Geraint Evans by Ivor Roberts Jones

ANRHYDEDDAU

HONOURS

Derbyniodd Kyffin Fedal Anrhydeddus Gymdeithas y Cymmrodorion ar 19 Hydref, 1991, mewn seremoni yn y Llyfrgell Genedlaethol yn Aberystwyth. Y cyflwynydd oedd Ei Anrhydedd y Barnwr Dewi Watkin Powell MA.

Kyffin received the Medal of the Honourable Society of Cymmrodorion in a ceremony at the National Library of Wales, Aberystwyth, on 19 October, 1991. The presenter was His Honour Judge Dewi Watkin Powell MA.

Kyffin yn derbyn yr OBE
Kyffin receiving the OBE

Kyffin ar ymweliad â MOMA Cymru, y Tabernacl, Machynlleth, i drafod eu cynllun newydd cyffrous, y Tanerdy

Kyffin on a visit to MOMA Cymru, Wales, the Tabernacl, Machynlleth, to discuss their new exciting proposals for the Tannery

O'r chwith i'r dde – left to right: George Wemys (Llywydd/President), Juliet Ramsbotham, Kyffin, Ruth Lambert (Cadeirydd Ymddiriedolaeth y Tabernacl, Machynlleth/Chairman of Machynlleth Tabernacl Trust), Tom Rees (Cadeirydd/Chairman), Hugh Ramsbotham (Capten/Captain) Richard Lambert (Ysgrifennydd/Secretary)

Derbyniodd Kyffin Wobr Glyndŵr gan Ymddiriedolaeth y Tabernacl, Machynlleth, ym 1995. Yn y llun: Kelvin Jenkins, cynllunydd y fedal, a Kyffin.

In 1995 Kyffin received the Glyndŵr Award by the Machynlleth Tabernacl Trust. Pictured: Kelvin Jenkins, medal designer, and Kyffin.

Y diweddar Athro Bedwyr Lewis Jones yn cyflwyno Kyffin i dderbyn anrhydedd gan Brifysgol Cymru, Bangor

The late Professor Bedwyr Lewis Jones presenting Kyffin to receive an honour by the University of Wales, Bangor

Derbyn Gradd Doethor mewn Llên ym 1993 gan Brifysgol Cymru drwy law ei Ei Mawrhydi, y Tywysog Siarl

Hefyd yn y llun, yn y rhes gefn, o'r chwith i'r dde: Mary Robinson, Llywydd Gweriniaeth Iwerddon, a'r Aga Khan

Kyffin receiving an Honorary D. Litt. from the University of Wales in 1993, presented by his Royal Highness Prince Charles

Also in the picture, in the back row, left to right: Mary Robinson, President of the Irish Republic, and the Aga Khan

AR DÂN DROS Y CELFYDDYDAU

SUPPORTING THE ARTS

Chwith / left:
Penrhyn Mawr, Aberffraw

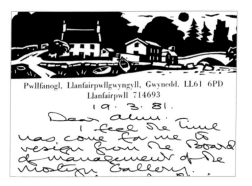

Yr Athro Emeritws, Alun Llywelyn-Williams, cyn-gyfarwyddwr Adran Efrydiau Allanol Prifysgol Cymru Bangor a chydweithiwr i Kyffin ym maes celfyddyd

Emeritus Professor Alun Llywelyn-Williams, former Director of Extra-mural Studies at University of Wales, Bangor and a collaborator with Kyffin in the arts world

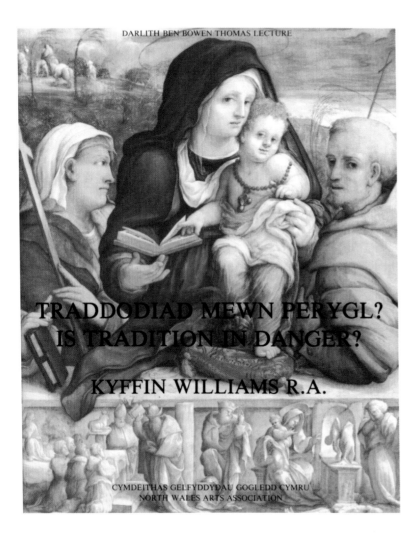

DARLITH BEN BOWEN THOMAS LECTURE

TRADDODIAD MEWN PERYGL?
IS TRADITION IN DANGER?

KYFFIN WILLIAMS R.A.

CYMDEITHAS GELFYDDYDAU GOGLEDD CYMRU
NORTH WALES ARTS ASSOCIATION

Gweithiodd Kyffin yn ddygn dros y Celfyddydau yn lleol, yn rhanbarthol ac yn genedlaethol. Gwasanaethodd ar bwyllgorau'r Amgueddfa Genedlaethol a Chymdeithas Gelfyddydau Gogledd Cymru. Rhoddodd o'i ddysg a'i ddawn yn helaeth i hybu gweithgaredd orielau celfyddydol a gweithgaredd celf mewn ysgol a choleg. Bu'n ysbrydoliaeth i unigolion a grwpiau. Roedd yn ddarlithydd penigamp ac yn ysgrifennwr meistrolgar. Roedd yn eithriadol o sylwgar ac yn hynod o wybodus, y math o wybodusrwydd na wnâi i neb arall deimlo'n dwp. Bu mewn llawer brwydr eiriol gan na fyddai fyth yn cyfaddawdu ynglŷn â'r gorau ym myd celf. Condemniai'r tueddiad modern i roi arian mawr i sothach fel gwely anniben neu gwt pren, gan gyffelybu tueddiadau o'r fath i daflu arian i'r môr o greigiau Môn!

Kyffin worked relentlessly to further artistic endeavours locally, regionally and nationally. He served on Committees of the National Museum of Wales and the North Wales Association for the Arts. He gave freely of his artistic expertise to further the cause of art galleries and art activities in schools and colleges. He was an inspiration to individuals and groups. He was a dynamic lecturer and an extremely able and attractive writer. He was a man of keen observation and extremely knowledgable, without ever being patronising in the presence of lesser mortals. He fought many verbal battles and condemned the modern tendency to give huge grants to unmade beds and garden sheds, likening such tendencies to throwing money into the sea from an Anglesey cliff!

AMGUEDDFEYDD
AC ORIELAU

MUSEUMS
AND GALLERIES

Ym 1987 cynhaliwyd arddangosfa adolygol o waith Kyffin yn yr Amgueddfa Genedlaethol yng Nghaerdydd, arddangosfa wedi ei threfnu gan yr Amgueddfa ac Oriel Mostyn yn Llandudno. Noddwyd yr arddangosfa gan HTV a Banc Barclays. Wedi cyfnod yng Nghaerdydd, teithiodd yr arddangosfa i wahanol rannau o Gymru.

In 1987 a retrospective exhibition was held of Kyffin's work at the National Museum of Wales in Cardiff, organised by the National Museum and the Mostyn Art Gallery. The exhibition was sponsored by HTV and Barclays Bank. A total of 132 paintings and drawings were exhibited. The exhibition was later to tour to different parts of Wales.

Kyffin Williams R.A.

Amgueddfa Genedlaethol Cymru   National Museum of Wales
Oriel Mostyn   Mostyn Art Gallery

Oriel Plas Glyn-y-Weddw, Llanbedrog

Mostyn Art Gallery 12 Vaughan St,
Llandudno, Gwynedd
April – September 1987

Oriel Mostyn 12 Heol Vaughan,
Llandudno, Gwynedd
Ebrill – Medi 1987

Bu Kyffin yn gefn i orielau celf Cymru, orielau fel Oriel Pen-y-Fan, Aberhonddu, Glyn-y-Weddw, Llanbedrog, Oriel Mostyn, Llandudno, yn ogystal â'r tair oriel a fu'n ganolog i'w fywoliaeth, Tegfryn, Porthaethwy, Oriel yr Albany yng Nghaerdydd a'r Thackeray yn Llundain. Bu'n Llywydd yr Academi Frenhinol Gymreig ar ddau gyfnod. Enwir un o ystafelloedd arddangos Oriel Plas Glyn-y-Weddw yn Oriel Kyffin Williams.

Kyffin gave great support to art galleries in Wales, such as Oriel Pen-y-Fan, Brecon, Glyn-y-Weddw, Llanbedrog, the Mostyn Art Gallery, Llandudno, as well as the galleries which became central to his livelihood, Tegfryn (Menai Bridge), the Albany Gallery, Cardiff, and the Thackeray Gallery at London. He was twice President of the Royal Cambrian Academy. An exhibition room at Plas Glyn-y-Weddw is named Oriel Kyffin Williams.

*Kyffin a Mrs Gwyn Brown yn Oriel Tegfryn, Porthaethwy, yn sgwrsio
a pharatoi ar gyfer un o arddangosfeydd Kyffin. Yma yr arddangoswyd
paentiadau Kyffin wedi ei ymweliad â Fenis yn y nawdegau.*

*Kyffin and Mrs Gwyn Brown at the Tegfryn Gallery, Menai Bridge
Anglesey, preparing for one of Kyffin's exhibitions.*

Paintings, Water Colours and Drawings

by

KYFFIN WILLIAMS R.A.

TEGFRYN ART GALLERY

Cadnant Road,

Menai Bridge.

September 8th to 25th 1976

Once again Gwyn and Harry Brown have been kind enough to allow me to have a one-man show in their Gallery, a Gallery that is becoming well-known far beyond the borders of Wales.

It is very important for a Welsh painter to show in Wales, not only because he is part of Wales, but also because he has a chance of earning his living in his own country. The Tegfryn Gallery therefore plays a very important part in Welsh artistic life.

My chief concern, as an artist, has been that I should improve year by year and not necessarily change. Alas at the age of 58 artists do not usually improve, so all I can hope is that I have not got worse. A persistant fear of deterioration has been with me since I started painting 35 years ago.

All these works on show are new, apart from the portrait of the little Patagonian girl, and people may see a slight change in the greater number of watercolours than in previous exhibitions. It must not be assumed that this is due to a lack of vigour; it is in fact not so easy to keep a stock of oil paint in Anglesey as it was in London.

Kyffin Williams.

*Kyffin yn sgwrsio gyda'i edmygwyr
yn Oriel Tegfryn, Porthaethwy*

*Kyffin chats with his admirers at
the Tegfryn Gallery, Menai Bridge*

Nadolig llawen.
i bawb un Tegfryn
a Blwyddyn newydd
dda hefud
oddiworth .
Kyffin o fôn .

Cyfarchion Nadolig oddi wrth Kyffin
i bawb yn Nhegfryn

Christmas greetings to all at Tegfryn and
a Happy New Year – Kyffin of Anglesey

Cerdyn arddangosfa
Exhibition card

A part of
TEGFRYN GALLERY
will be devoted to an exhibition of some of
the latest drawings and water colours of

Kyffin Williams R.A.

From DECEMBER 7th to 21st   *1974*
There will be no private viewing
Open daily 10 a.m. to 6 p.m.

We hope you will be able to come and enjoy
the exhibition

Telephone Menai Bridge 712437

Kyffin yn un o'i arddangosfeydd llwyddiannus yn Oriel yr Albany, Caerdydd

Kyffin at one of his highly successful exhibitions at the Albany Gallery, Cardiff

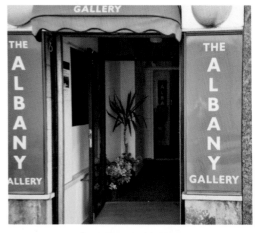

THE ALBANY GALLERY ©2004

KYFFIN WILLIAMS R.A.

11th October - 9th November 2002

AT

THE Albany GALLERY

74b Albany Road, Cardiff CF24 3RS

Tel: 029 2048 7158 Fax: 029 2048 9158
E-mail: albanygallery@btinternet.com
www.albanygallery.co.uk

Gallery open
Mon - Sat 10.00am to 5.oopm

The Kyffin Williams exhibition moves to
Oriel Plas Glyn-y-Weddw, Llanbedrog, Pwllheli, Gwynedd LL53 7TT
Tel: 01758 740763   Fax: 01758 740232
E-mail: enquiry@oriel.org.uk
www.oriel.org.uk

15th NOVEMBER - 4th DECEMBER 2002
The Gallery is open daily, (except tuesday) 11.00am - 5.oopm

Kyffin gyda thri o bobl a chwaraeodd ran flaenllaw yn ei fywyd

Kyffin with three people who played a prominent part in his life

O'r chwith i'r dde: Annwen a Bengy Carey-Evans a Mrs Mary Yapp. Paentiodd Kyffin bortread gafaelgar o Annwen Carey-Evans yn Llundain ym 1960. Arferai Kyffin, pan oedd yn blentyn, farchogaeth heibio i daid Bengy Carey-Evans, gŵr nid anenwog o'r enw Lloyd George. Bu Mrs Mary Yapp, perchennog Oriel yr Albany yng Nghaerdydd, â rhan flaenllaw iawn yn ei yrfa fel arlunydd masnachol hynod o lwyddiannus.

From left to right: Annwen and Bengy Carey-Evans and Mrs Mary Yapp. Kyffin painted a brilliant portrait of Annwen Williams (as she then was) in London in 1960. Mrs Mary Yapp, owner of the Albany Gallery, Cardiff, had a central role to play in exhibiting and selling Kyffin's drawings and paintings.

*Sarah Macdonald-Brown,
rheolwraig Oriel y Thackerey*

*Sarah Macdonald-Brown,
director of the Thackerey Gallery*

*William Selwyn a'i wraig
(chwith, canol) a gwesteion
yn y Thackeray, Llundain*

*William Selwyn and his
wife (centre left) with
guests at the Thackeray
Gallery, London*

*Gwesteion yn yr arddangosfa
deyrnged yn Oriel y Thackeray
yn Llundain*

*Guests at the 'Private View' in
memory of Kyffin, Thackeray
Gallery, London*

In Memory

KYFFIN WILLIAMS
(1918-2006)

PRIVATE VIEW

Tuesday 24th April 2007
6pm – 8.30pm

This non-selling exhibition continues until Friday 11th May 2007.

THACKERAY GALLERY
18 THACKERAY STREET
KENSINGTON SQUARE
LONDON W8 5ET

Tel: 020 7937 5883 Mob: 07989 393 373
email: thackeraygallery@aol.com website: www.thackeraygallery.com

Open: Tuesday to Friday 10am – 6pm, Saturday 11 – 4pm

Cyfarchiad gwreiddiol iawn o Batagonia, 1968
Highly original greetings from Patagonia, 1968

*Kyffin a Dr R. Brinley Jones, Llywydd
y Llyfrgell Genedlaethol ar y pryd, yn
sgwrsio yn y Llyfrgell yn Aberystwyth*

*Kyffin and Dr R. Brinley Jones, President
of the National Library at the time,
discuss matters at Aberystwyth*

*Kyffin a'i bortread gwych o'r
diweddar Syr David Hughes Parry*

*Kyffin with his brilliant portrait of
the late Sir David Hughes Parry*

DATHLU'R WYTH DEG

9 Mai 1998

CELEBRATING HIS EIGHTIETH BIRTHDAY

9 May 1998

Cân Ysgafn i Ddathlu Pen-blwydd
(Light Verse to Celebrate a Birthday)

Rwyf i'n adnabod artist ymhell
    Dros ei bedwar-ugain oed,
Ac arian yn ei lygad
    Na phylodd ddim erioed

Arlunydd cenedlaethol
    Mwstashog mwya' Môn,
A'i luniau ers hanner canrif
    Yn creu'r fath sŵn a sôn.

Diflewyn ydyw tafod
    Y marchog chwyrn ei farn:
Pob nonsens celfyddydol
    Sydd dan ei draed yn sarn.

Ar grefft y mae ei bwyslais,
    Ar grefft i dynnu'r llun
A wêl y mawr ddychyyg
    Sy'n cyfoethogi dyn.

A dyna pam mae'r bobl
    Yn dwlu ar ei waith:
Rhoes inni wefr a chyffro
    O'r Wyddfa lawr i'r Paith.

Derec Llwyd Morgan

O'r chwith i'r dde: Dr R. Brinley Jones, Llywydd y Llyfrgell Genedlaethol, yr Athro Derec Llwyd Morgan a Kyffin, ar achlysur dathlu pen-blwydd Kyffin yn 80 oed

From left to right: Dr R. Brinley Jones, President of the National Library of Wales, and Professor Derec Llwyd Morgan and Kyffin, celebrating Kyffin's eightieth birthday at the Library

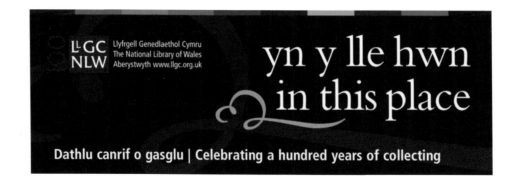

LlGC
NLW
Llyfrgell Genedlaethol Cymru
The National Library of Wales
Aberystwyth www.llgc.org.uk

yn y lle hwn
in this place

Dathlu canrif o gasglu | Celebrating a hundred years of collecting

Rhan o anerchiad Dr R. Brinley Jones, Llywydd y Llyfrgell Genedlaethol, mewn arddangosfa arbennig o waith Kyffin wedi ei farwolaeth y Medi 2006, yn Oriel yr Albany yng Nghaerdydd:

'Roedd Syr Kyffin yn un o'r rhai mwyaf hael ei roddion yn hanes y Llyfrgell. Yn ystod ei oes, rhoddodd gannoedd o weithiau gwreiddiol i'r Llyfrgell. Gadawodd y gweddill o'i waith ar bapur ac ar ganfas i'r Llyfrgell. Yn ychwanegol, y mwyafrif o'i gasgliad celf a'i bortreadau teuluol – rhai'n dyddio'n ôl i'r ddeunawfed ganrif. Y mae gan y Llyfrgell yn awr archif godidog o waith Syr Kyffin, yn cynnwys ei ddyddiaduron, llythyrau, papurau, nodiadau, ei ffotograffau a'i sleidiau. Ni sylweddolwyd yn llawn hyd yn awr fod ganddo lygad am lun da, gan gynhyrchu lluniau camera cofiadwy. Y mae gan y Llyfrgell yn awr gannoedd lawer o ddyfrlliwiau gan Syr Kyffin ac ymhell dros gant o baentiadau olew. Y casgliad yma ym meddiant y Llyfrgell yw'r casgliad mwyaf o gelf Kyffin yn y byd. Mae hyn mor briodol gan y carai Kyffin y Llyfrgell, a chefnogai hi ym mhob dull posibl.'

Part of a speech given by Dr R. Brinley Jones, the President of the National Library of Wales, at a special exhibition and sale of Kyffin's work at the Albany Gallery, Cardiff, held after his death in September 2006:

'Sir Kyffin was one of the most generous benefactors in the history of the Library. He donated hundreds of original works of art in his lifetime. He bequeathed his remaining works on paper and canvas to the Library. In addition, the majority of his art collection and his family portraits, which date back to the 18th century. The Library now has a magnificent archive of the works of Sir Kyffin, including his diaries, letters, manuscripts, notes; his photographs and slides. Something that has been underestimated up until now was the fact that he had a fine eye for a photograph and produced many memorable images. The Library now has many hundreds of watercolours by Sir Kyffin and well over a hundred oils, making ours the largest collection of his art in the world. This is all very appropriate, because he loved the Library and supported it in any way he could.'

KYFFIN YN MWYNHAU HAUL A HAELIONI YNG NGHEREDIGION

KYFFIN WITH FRIENDS IN CEREDIGION

Kyffin gyda'i gyfeillion triw, Dr Ann Rhys a'r diweddar Dr Glyn Rhys a'u geiriau o glod

Kyffin finds solace with his friends, Dr Ann Rhys and the late Dr Glyn Rhys, and their words of praise

'Kyffin YW ei waith. Gwelwn ei angerdd a'i gariad tuag at ei bobl, tirlun a morlun, yn ymwáu'n grefftus drwy ei waith. Trwy ei ddelweddau unigryw o'r werin, tir a môr, y diffiniodd Kyffin yn barhaol ei gariad tuag at Ogledd Cymru.'

Ann Rhys and Glyn Rhys

'Kyffin IS his work. We see his passion and love for his people, landscape and seascape, skilfully blended in his art. It is through his incomparable images of 'y werin', land and sea that Kyffin has indelibly defined his love of North Wales.'

Ann Rhys and Glyn Rhys

CONCRO FENIS

CONQUERING VENICE

2003 – Gwireddu Breuddwyd: Nodiadau Fenis gan y Golygydd

Dydd Llun: Te a thôst, gwesty Tynycornel, Tal-y-llyn. John Hefin a minnau. Syniad gwych – mynd â Kyffin i ddinas Fenis. Kyffin mewn Gondola ar y Gamlas Fawr.

Dydd Gwener: Kyffin yn cytuno. Yn barod i ddod. Cwmni Fflic (bellach yn rhan o Grŵp Boomerang) o Gaerdydd yn flaengar fel erioed ac yn barod i wneud y rhaglen dan ofal Gwenda Griffith. Gwenda yn bwrw ymlaen yn wych. BBC Cymru yn cytuno i gomisiynu.

2004: Ffilmio ym Mae Trearddur, Pwllfanogl, Eryri, Cader Idris, ardal y Cnicht ac yna, Mai 2004, hedfan i Fenis. Gwenda Griffith, Cynhyrchydd, John Hefin, Cyfarwyddwr, Stephen Kingston, dyn camera, Steve Jones, dyn sain, Nia Jones yn gynorthwywraig cynhyrchu, a minnau. Hedfan i Fanceinion. Taith ardderchog. Cyrraedd yn y pnawn. Croesi'r lagŵn i'r gwesty. Kyffin allan yn syth at lan y Gamlas Fawr i arlunio. Mae o'n anhygoel, mae o'n 86 oed! Dewiswyd teitl y rhaglen yn Fenis, *Reflections in a Gondola*. Clasur o raglen. Kyffin wrth ei fodd. Roedd Kyffin mor hawddgar, mor gydweithredol. Profiad oes i bawb oedd yno oedd cael bod yn ei gwmni.

2003 – A Dream Comes True: Editor's Notes on Venice

Monday: Tea and toast at Tynycornel Hotel, Tal-y-llyn with my friend John Hefin. The idea is born – take Kyffin to Venice – film him sketching on the Grand Canal.

Friday: Kyffin agrees. Fflic Ltd of Cardiff (now part of the Boomerang Group) with it's dynamic Producer, Gwenda Griffith, is on board. Gwenda forges ahead. BBC Wales commissions a programme from Fflic.

2004: Filming starts at Trearddur Bay, Pwllfanogl, Cader Idris, the area of y Cnicht – and then, in May 2004, to Venice. Kyffin, Gwenda Griffith, Producer, John Hefin, Director, Stephen Kingston, cameraman, David Meredith, Programme Consultant, and Steve Jones, soundrecordist – we fly to Venezia. Excellent flight. We cross the lagoon by motorboat taxi and arrive at the Danieli Hotel in style. Very soon after arriving, Kyffin, at 86, is immediately out sketching on the bank of the Grand Canal – lesser mortals take a rest! The final programme, *Reflections in a Gondola*, is a classic of the box – Kyffin was delighted. The programme with its theme of four significant events in Kyffin's life is a great success.

Kyffin yng Nghaffi enwog Florian, Sgwâr San Marc, Fenis

Kyffin at the Café Florian, St Mark's Square, Venice

Kyffin ar y Gamlas Fawr, Fenis 2004

Kyffin on the Grand Canal, Venice 2004

Byd o wahaniaeth – 2004, prif arlunydd Cymru ym mhrif westy Fenis – y Danieli – yn yfed te yn jacôs

Times change – 2004, Wales' greatest artist drinking tea at the Danieli Hotel, Venice

Kyffin ar daith i Fenis yn yr 1950au yn drymlwythog!

Kyffin en route to Venice heavily laden in the 1950's

O'r chwith i'r dde: y diweddar John Hefin,
Cyfarwyddwr, Kyffin a Gwenda Griffith,
Cynhyrchydd, yn nerbynfa'r Danieli

From left to right: the late John Hefin,
Director, Kyffin and Gwenda Griffith,
Programme Producer, in the reception
area of the Danieli Hotel

Croesi'r lagŵn o'r awyrendy i Westy'r
Danieli, yn y cwch-modur

Crossing the lagoon from the airport
to the Danieli, in the motorboat

*David Meredith a Kyffin
– Gwesty'r Danieli*

*David Meredith and
Kyffin – Danieli Hotel*

*Y criw a'r seren yn ymlacio yn y gwesty wedi diwrnod o
ffilmio. O'r chwith i'r dde: Stephen Kingston (dyn camera),
David Meredith, Kyffin, Gwenda Griffith (cynhyrchydd),
John Hefin (cyfarwyddwr), Steve Jones (dyn sain)*

*The crew and the star relaxing at the hotel after a day's
filming. From left to right: Stephen Kingston (cameraman),
David Meredith, Kyffin, Gwenda Griffith (producer), John
Hefin (director), Steve Jones (soundrecordist)*

*O'r chwith i'r dde: Kyffin, John
Hefin a Steve Jones, dyn sain*

*From left to right. Kyffin,
John Hefin, and Steve Jones
(with boom mike!)*

Kyffin yn lliwio un o'i luniau yng nghaffi Florian, Sgwâr San Marc, Fenis

Kyffin colouring one of his drawings at Café Florian, St Mark's Square, Venice

San Salute, llun gorffenedig Kyffin
San Salute, Kyffin's finished painting

*Stephen Kingston, dyn camera,
gyda Kyffin ar y Gamlas Fawr*

*Stephen Kingston, cameraman,
and Kyffin on the Grand Canal*

*John Hefin, y Cyfarwyddwr,
gyda Kyffin y Mhwllfanogl
wedi gorffen ffilmio, 2003*

*John Hefin, Director, with
Kyffin at Pwllfanogl after
completing filming in 2003
for* Reflections in a Gondola

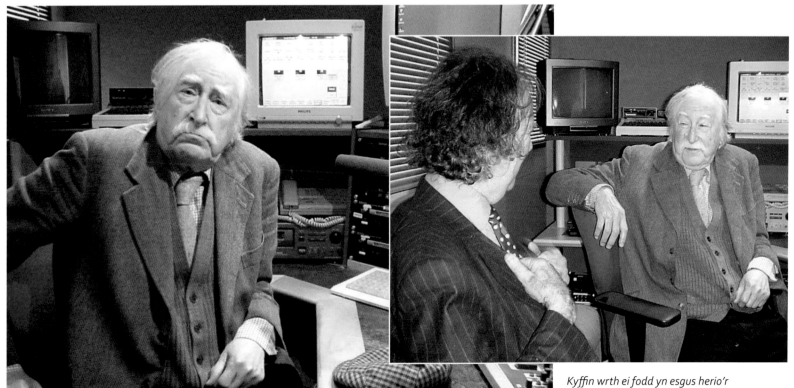

Kyffin wrth ei fodd yn esgus herio'r holwr – stiwdio BBC Cymru, Bangor, ar ddiwedd ffilmio rhan Cymru o Reflections in a Gondola, *2004*

Kyffin enjoys a mock challenge to the interviewer at the BBC Studios, Bangor, at the end of filming in Wales for Reflections in a Gondola, *2004*

YR ARLUNYDD NATUR PENIGAMP

THE NATURE ARTIST PAR EXCELLENCE

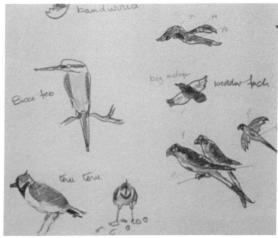

Roedd paentio anifeiliaid yn ail natur i Kyffin – gwanacos, adar, ceffylau yn y Wladfa, gwartheg, llwynogod, moch daear, ceffylau a theirw yng Nghymru

Kyffin loved drawing and painting animals – guanacos, birds, horses in Patagonia, foxes, badgers, cows, bulls and horses in Wales

135

Guanaco

Yn 2016 sylweddolwyd mai gwaith gan Kyffin oedd y portread hwn yn Ysgol Highgate, Llundain. Roedd Albert Ernest Knight wedi bod yn chwarae criced dros Gaerlŷr a Lloegr, ac yn enwog am ei gyfraniad i daith y Lludw i Awstralia yn 1903–04. Yn dilyn ei ymddeoliad, ymunodd ag Ysgol Highgate yn 1913 fel hyfforddwr a thirmon. 1945 yw'r dyddiad ar y portread.

It was realised in 2016 that this portrait at Highgate School, London, was a portrait by Kyffin. Albert Ernest Knight had played cricket for Leicester and England, most famously on the Ashes tour to Australia in 1903–04. On his retirement he joined Highgate in 1913 as coach and groundsman. The portrait is dated 1945.

Mae hen label 'Leicester Galleries' i'w weld ar gefn yr hunanbortread hwn sydd yn Ysgol Highgate, a chynhwysir 'hunanbortread' yng nghatalog yr oriel ar gyfer arddangosfa gynhaliwyd yn Hydref 1961 ('Kyffin Williams: paentiadau newydd'). Dengys cofnod bod y llun wedi ei werthu i Ysgol Highgate y flwyddyn honno am £84. Yn ôl David Smith, Swyddog Treftadaeth Ysgol Highgate, gellir tybio, o bosib, bod y llun yn dyddio o 1961, neu'r flwyddyn cyn hynny.

This self-portrait, at Highgate School, has part of an old Leicester Galleries label on the back, and the catalogue for an October 1961 exhibition there ('Kyffin Williams: new paintings') lists a self-portrait. Their sales records state that the picture was sold to Highgate School for £84 in 1961. According to David Smith, Heritage Officer for Highgate School we can, perhaps, assume that the picture dates from that year, or maybe the year before.

Ffermwyr ar y Glyder Fach
Farmers on the Glyder Fach

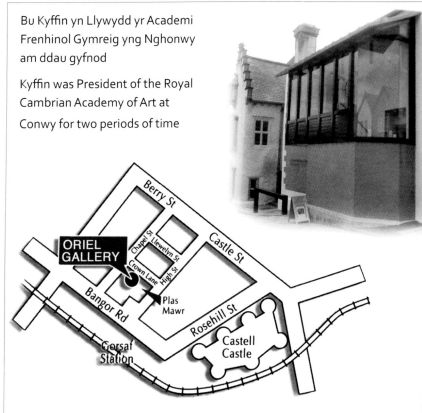

Bu Kyffin yn Llywydd yr Academi Frenhinol Gymreig yng Nghonwy am ddau gyfnod

Kyffin was President of the Royal Cambrian Academy of Art at Conwy for two periods of time

Portread o Kyffin gan Rolf Harris yn Arddangosfa Flynyddol Cymdeithas
Frenhinol y Paentwyr Portreadau 2007, Orielau'r Mall, Llundain

Portrait of Kyffin by Rolf Harris at the 2007 Annual Exhibition
of the Royal Society of Portrait Painters, Mall Galleries, London

Cartref Sant Tysilio yn Llanfairpwll,
Ynys Môn, lle bu Kyffin farw, 1 Medi 2006

The St Tysilio Home at Llanfairpwll, Anglesey,
where Kyffin died, 1 September 2006

JOHN KYFFIN WILLIAMS

1918 – 2006

CADEIRLAN BANGOR CATHEDRAL

Gwasanaeth o Ddiolchgarwch
am fywyd a gwaith
Syr Kyffin Williams RA

9 May 1918 - 1 September 2006

Service of Thanksgiving
for the life and work of
Sir Kyffin Williams RA

Dydd Llun, 11 Medi, 2006
Monday, 11 September, 2006
11am

Psalm 42
Read by Father Brian Jones

Ave Verum Corpus - Music by W A Mozart
Sung by the Cathedral Choir

TRIBUTE - Professor Derec Llwyd Morgan

EMYN
Tôn: Finlandia

1   Dros Gymru'n gwlad, O Dad, dyrchafwn gri,
    y winllan wen a roed i'n gofal ni;
    d'amddiffyn cryf a'i cadwo'n ffyddlon byth,
    a boed i'r gwir a'r glân gael ynddi nyth;
    er mwyn dy Fab a'i prynodd iddo'i hun,
    O crea hi yn Gymru ar dy lun.

2   O deued dydd pan fo awelon Duw
    yn chwythu eto dros ein herwau gwyw,
    a'r crindir cras dan ras cawodydd nef
    yn erddi Crist, yn ffrwythlon iddo ef,
    a'n heniaith fwyn â gorfoleddus hoen
    yn seinio fry haeddiannau'r addfwyn Oen.

    (Lewis Valentine)

READING - 1 Corinthians 13
Read by the Marquess of Anglesey

My Little Welsh Home – Music by W S Gwynn Williams
Sung by Bryn Terfel
Accompanied by Elinor Bennett

---

*Eglwys Gadeiriol Bangor, lle
y cynhaiwyd y gwasanaeth
o ddiolchgarwch am fywyd
a gwaith Syr Kyffin Williams,
RA. Cafwyd cân gan Bryn Terfel.
Telynores – Elinor Bennett.*

*Bangor Cathedral, where the
service of thanksgiving for the life
and work of Sir Kyffin Williams,
RA, was held. Bryn Terfel sang
'The Mountains of my Home';
the harpist was Elinor Bennett.*

Croniclwyd hanes y gwasanaeth yn yr Eglwys Gadeiriol yn y wasg, 12 Medi 2006 (*Daily Post*) gyda'r geiriau:

'Ddoe, eisteddodd pobl o bob cylch o fywyd ochor yn ochor yn Eglwys Gadeiriol Bangor a honno dan ei sang wrth i'r genedl ffarwelio â Syr Kyffin Williams ... Arweiniwyd y gwasanaeth gan Archesgob Cymru, y Parchedicaf Ddoctor Barry Morgan ... talwyd teyrngedau gan ei fab bedydd, Nicholas Sinclair a chan gyn-Brifathro Coleg Prifysgol Cymru Aberystwyth, yr Athro Derec Llwyd Morgan. Dywedodd Nicholas Sinclair fod gwaith ei dad bedydd yn dod o'r galon fel gwaith dau arlunydd a edmygai Syr Kyffin yn fawr, Rembrandt, a Van Gogh ... Dywedodd yr Athro Derec Llwyd Morgan, pan symudodd Syr Kyffin i'w gartref a'i stiwdio yn Llanfairpwll, a oedd yn edyrch dros y Fenai, roedd ei Fôn annwyl dan ei draed a'i Eryri annwyl yn syth o'i flaen. Dywedodd yr Archesgob, "Mae'r ffaith fod yr Eglwys Gadeitiol hon yn llawn o bobl

o bob haen o gymdeithas yn dyst i'r parch a'r cariad tuag ato, nid yn unig fel artist ond hefyd fel dyn. Daethom yma i ddangos parch ac i ddiolch iddo. Ond yr unig reswm y gallwn wneud hyn ydi oherwydd iddo gytuno i gael gwasanaeth fel hwn. Ei ddewis gwreiddiol oedd claddedigaeth dawel yn Llanfair-yng-Nghornwy." '

The service at the Cathedral was chronicled by the press (*Daily Post*), 12 September 2006:

'People from all walks of life sat side by side in a packed Bangor Cathedral yesterday as a nation said its final goodbye to Sir Kyffin Williams ... The moving service was led by the Archbishop of Wales the Most Reverend Dr Barry Morgan – a personal friend of the artist ... The hour-long service of thanksgiving for the life and work of Llanfefni-born Sir Kyffin included tributes from his godson, Nicholas Sinclair, and former Aberystwyth University Principal, Professor Derec Llwyd Morgan. Mr Sinclair, whose mother was an art student in London at the same time as Sir Kyffin, said his godfather's work, like that of Rembrandt and Van Gogh, was driven by the heart ... The professor (Derec Llwyd Morgan) said when Sir Kyffin moved to his studio and home at Llanfairpwll, overlooking the Menai Straits, he had his beloved Môn under his feet and his beloved Eryri in his sights. In his sermon the Archbishop said: "The fact that this cathedral is full of people from all strata of society is testimony to the esteem and affection in which he was held – mot just as an artist but as a man. We have come out of respect and to give thanks for him. But we are ondly able to do so because he, in the end, consented to have a service such as this. His preferred option was a quiet burial at Llanfair-yng-Nghornwy." '

*Archesgob Cymru, Barry C. Morgan,
yn arwain yn y gwasanaeth angladdol
ym mynwent Llanfair-yng Nghornwy*

The Archbishop of Wales, the Most
Reverend Dr Barry C. Morgan, leading the
cortege at Llanfair-yng-Nghornwy

*Rhai o'r galarwyr, nifer o gyfeillion Kyffin o'r
byd celf. O'r chwith i'r dde: Nicholas Sinclair,
Elisabeth Vicary, Gwilym Pritchard, Claudia
Williams; chwith, cefn Keith Bowen, ar y dde
eithaf, William Selwyn*

A group of mourners, many of Kyffin's
friends from the arts world. From left to right:
Nicholas Sinclair, Elisabeth Vicary, Gwilym
Pritchard, Claudia Williams; left, back, Keith
Bowen, extreme right William Selwyn

Eglwys y Santes Fair, Llanfair-yng-Nghornwy, lle bu hen daid Kyffin, James Williams, yn rheithor. Adeiladwyd yr eglwys yn gynnar yn yr unfed ganrif ar bymtheg, a daeth y cerrig, fe gredir, ar gyfer yr adeiladwaith o Gapel Mynachdy, hen gapel mynachod Urdd y Carmeliaid ym Môn.

The Church of St Mary, Llanfair-yng Nghornwy, where Kyffin's great-grandfather, James Williams, was rector. The church was built early in the 16th century and the building stones, it is believed, came from the ruins of Capel Mynachdy, a chapel in Anglesey used by the Carmelite monks.

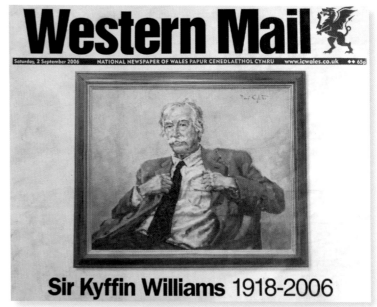

Sir Kyffin Williams 1918–2006

Portread / Portrait: David Griffiths

'Un noson o haf ychydig wedi i mi gyrraedd Pwllfanogl, daeth cyfaill a'i fachgen bach pump oed i ymweld â mi. Wrth i ni sefyll ger y dŵr a'r tonnau'n torri wrth ein traed, edrychodd y bachgen bach arna' i a dywedodd yn llawn pryder: "Be' ddigwyddith i chi yma pan fyddwch chi'n marw?" Gwyddwn fod yn rhaid i mi ateb yn llawn hyder, er nad oeddwn yn hyderus. "O, mi fydd hi'n wych," medddwn i, "mi fydda' i'n llithro i mewn i'r môr ac yn cael fy ngharior i ffwrdd gan y dŵr o dan y pontydd ymlaen i Benmon a'r môr agored. O, bydd, mi fydd yn fendigedig." Wrth iddo wrando, roedd y gofid fel petai'n cilio o'i wynepryd a rhedodd i ffwrdd i daflu cerrig i'r dyfroedd a fyddai'n fy ngharior ymaith.'

Kyffin, *A Wider Sky*

Roedd Kyffin wedi ystyried fod y geriau hyn yn briodol i'w darllen yn ei angladd.

'One summer evening, not long after I arrived at Pwllfanogl, a friend came to visit me with his small son, aged five. As we stood at the water's edge, with gentle waves breaking at our feet, the little boy looked up at me: "What will happen to you here when you die?" he asked with a look of concern on his face. I knew I had to answer with a confidence I dod not possess. "Oh, it will be wonderful," I said, "I shall slip into the sea and be swept away by the water, and I shall be carried under the bridges and away to Penmon and the open sea. Oh, yes, it will be rather wonderful." As he listened to me the worry seemed to disappear from his face and he ran off to throw stones into the waters that were to carry me away …'

Kyffin, *A Wider Sky*

Kyffin had considered these words suitable to be read at his funeral.

CERFLUN ER
COF AM KYFFIN

SCULPTURE IN
MEMORY OF KYFFIN

Cerflun bychan er cof am Kyffin gan Chris Kelly, cerflun efydd sy'n mesur 11 modfedd o uchder, o ffowndri 'Castle Fine Arts', Llanrhaeadr-ym-Mochnant, Powys

The Kyffin maquette memorial bronze sculpture, 11 inches in height, from 'Castle Fine Arts', Llanrhaeadr-ym-Mochnant, Powys (sculptor: Chris Kelly)

Kyffin Williams ar leoliad ym Môn ac Eryri
ar gyfer rhaglen HTV Cymru/Wales, *Artists
– Kyffin Williams*. Dangoswyd y rhaglen
Gymraeg *Arlunwyr – Kyffin Williams* ar S4C;
fe'i cyflwynwyd gan David Meredith.

Kyffin Williams on location on Anglesey and
in Eryri for HTV Cymru/Wales' programme,
Artists – Kyffin Williams. The Welsh programme,
Arlunwyr – Kyffin Williams, was shown on S4C;
presented by David Meredith.

DYDDIADAU PWYSIG YM MYWYD KYFFIN WILLIAMS
KYFFIN WILLIAMS – SIGNIFICANT DATES

1918 – Mai 9/May 9
Ganed yn Nhanygraig,
   Llangefni
Born in Tanygraig, Llangefni

1925–1931
Ysgol Bae Trearddur
Trearddur Bay School

1931–1936
Ysgol Amwythig
Shrewsbury School

1937–1939
Astudio Asiantaeth Tir, Pwllheli
Studied Land Agency, Pwllheli

1937
Comisiynwyd fel Ail Lifftenant,
   Y Ffiwsilwyr Cymreig TA
Commissioned 2nd Lieutenant,
   Royal Welch Fusiliers TA

1941
Gollyngwyd o'r fyddin
Invalided out of the army

1941–1944
Astudio yn Ysgol Gelf y Slade,
   Llundain (yr ysgol wedi
   symud i Rydychen yn ystod
   cyfnod yr Ail Ryfel Byd)
Studied at Slade School of
   Fine Art, London (the Slade
   had moved to Oxford during
   the Second World War)
Ysgoloriaeth Robert Ross
Robert Ross Leaving
   Scholarship

1944–1973
Athro celf hŷn, Ysgol Highgate,
   Llundain
Senior art master, Highgate
   School, London

1967–1975
Llywydd yr Academi Frenhinol
   Gymreig
President of the Royal
   Cambrian Academy of Art

1968
Cymrodoriaeth yr Academi
   Frenhinol Gymreig
President of the Royal
   Cambrian Academy of Art

1970
Aelod Etholedig o'r Academi
   Frenhinol
Elected Associate of the Royal
   Academy

1974
Aelod o'r Academi Frenhinol
Royal Academian

1978
MA Anrhydeddus, Prifysgol
   Cymru
Honorary MA, University
   of Wales

1983
Anrhydedd yr Ymerodraeth
   Brydeinig
Order of the British Empire

1987
Dirprwy-lifftenant Gwynedd
Deputy-lieutenant of Gwynedd

1989
Cymrawd Anrhydeddus, Coleg
   Prifysgol Cymru, Abertawe
Honorary Fellow, University
   College of Wales, Swansea

1991
Cymrawd Anrhydeddus, Coleg
   Prifysgol Cymru Bangor
Honorary Fellow, University
   College of North Wales,
   Bangor
Derbyn Medal y Cymmrodorion
Awarded the Medal of the
   Honorable Society of
   Cymmrodorion

1992

Cymrawd Anrhydeddus, Coleg
    Prifysgol Cymru,
    Aberystwyth
Honorary Fellow, University
    College of Wales,
    Aberystwyth
Llywydd yr Academi Frenhinol
    Gymreig
President of the Royal
    Cambrian Academy of Art
Aelod o Gyngor Ymgynghorol
    y Celfyddydau, Amgueddfa
    Genedlaethol Cymru
Member of Arts Advisory
    Committee, National
    Museum of Wales
Aelod o Lys Llyfrgell
    Genedlaethol Cymru
Member of Court of
    Governors, the National
    Library of Wales

1995

Derbyn Gwobr Glyndŵr
    (MOMA Machynlleth)
    am gyfraniad arbennig i'r
    Celfyddydau yng Nghymru
Awarded the Glyndŵr Award
    (MOMA Machynlleth) for
    outstanding contribution
    to the Arts in Wales

1999

Ei urddo'n Farchog gan
    y Frenhines
Awarded a Knighthood by
    Her Majesty the Queen

2004

Teithio i Fenis yn 86 oed ar
    gyfer ffilmio *Reflections in
    a Gondola*
Travels to Venice at the age
    of 86 to film *Reflections in
    a Gondola*
Roedd Kyffin yn un o noddwyr
    Ymddiriedolaeth Ynys Enlli
Kyffin was a patron of the
    Bardsey Island Trust

1 Medi 2006

Marw yng Nghartref Sant
    Tysilio yn Llanfairpwll, nid
    nepell o'i hoff Bwllfanogl.
    Roedd Kyffin yn 88 oed.
    Claddwyd ef yn Llanfair-
    yng-Nghornwy, Môn.

1 September 2006

Kyffin dies at the Sant Tysilio
    Home, Llanfairpwll,
    Anglesey, not far from his
    beloved Pwllfanogl at the
    age of 88. He is buried at
    Llanfair-yng-Nghornwy,
    Anglesey.

11 Medi 2006

Gwasanaeth o ddiolchgarwch
    am fywyd a gwaith Kyffin
    yn Eglwys Gadeiriol Bangor,
    gyda'r gwasanaeth
    angladdol ym mynwent
    Eglwys Llanfair-yng-
    Nghornwy

11 September 2006

A service of thanksgiving for
    the life and work of Kyffin
    at Bangor Cathedral; the
    funeral service was held in
    the graveyard at Llanfair-
    yng-Nghornwy Church

RHAGLENNI TELEDU AM KYFFIN WILLIAMS
TELEVISION PROGRAMMES ABOUT KYFFIN WILLIAMS

Horizons Hung in Air
Y rhaglen ddogfen gyntaf ar Kyffin / The first documentary
on Kyffin
Cynhyrchydd, awdur / Producer, author: John Ormond
BBC Cymru / Wales, 1996

Etcetera ... Etcetera ...
Rhaglen y Celfyddydau / Arts Programme,
Kenneth Griffith yn holi / interviews Kyffin
Harlech (HTV), 1969

A Land against the Light
Rhaglen ddogfen am Kyffin / Documentary about Kyffin
John Ormond, BBC Cymru / Wales, 1979

Arlunwyr – Kyffin Williams / Artists – Kyffin Williams
Gwaith Kyffin / Kyffin's work
Cynhyrchydd / Producer: Carol Byrne Jones
Cyflwynydd / Presenter: David Meredith
HTV Cymru / Wales S4C, 1987

Kyffin
Rhaglen ddogfen / documentary
Cynhyrchydd, awdur / Producer, author: Gareth Rowlands
BBC Cymru/ Wales, 1999

Reflections in a Gondola
Rhaglen ddogfen ar Kyffin / Documentary on Kyffin
Cynhyrchydd / Producer: Gwenda Griffith
Cyfarwyddwr / Director: John Hefin
Ymgynghorydd / Consultant: David Meredith
Cynhyrchiad / Production: Fflic, BBC Cymru/ Wales, 2004

Y Sioe Gelf
Rhaglen deyrnged i Kyffin / A tribute to Kyffin
Cyfraniadau gan / Contributions by:
Peter Lord, Rob Piercy, Leslie Jones, Gareth Parry,
David Meredith, Rian Evans, Ann Mathias, Catrin Williams
Cynhyrchydd / Producer: Carys Bowen
Cwmni Da, S4C, 2006

DETHOLIAD O GYHOEDDIADAU
A SELECTION OF PUBLICATIONS

Artists in Wales, Gol./Ed. Meic Stephens
Erthygl hunangofiannol gan Kyffin
(ysbrydoliaeth i'w hunangofiant)
Autobiographical piece by Kyffin
(which inspired his autobiography)
(Gwasg Gomer / Gomer Press, 1971)

'Pwysigrwydd barn – yn gywir neu anghywir'/
'The importance of opinion – right or wrong', Kyffin Williams
Darlith Flynyddol Cymdeithas Celfyddydau yng Ngogledd
Cymru, Wrecsam / North Wales Association for the Arts Annual
General Meeting, Wrexham (1972)

Across the Straits, Kyffin Williams
(Duckworth, London 1973; ailgyhoeddwyd / new publication:
Gwasg Gomer / Gomer Press, 2009)

Tan Tro Nesaf, Gareth Alban Davies
Darlun o'r Wladfa / Portrait of Patagonia
Lluniau / illustrations: Kyffin Williams
(Gwasg Gomer / Gomer Press, 1976)

Rhagymadrodd/Introduction, John Ormond
Catalog arddangosfa adolygol o waith Kyffin Williams / Kyffin
Williams retrospective exhibition catalogue;
Amgueddfa Genedlaethol Cymru / Oriel Mostyn
National Musem of Wales / Mostyn Art Gallery (1987)

'Traddodiad mewn Perygl?'/
'Tradition in Danger?', Kyffin Williams,
Darlith Ben Bowen Thomas / Ben Bowen Thomas Lecture;
Cymdeithas y Celfyddydau yng Ngogledd Cymru
North Wales Association for the Arts (1987)

Wales: an Anthology, Alice Thomas Ellis
Darluniau gan / Illustrations by Kyffin Williams
(London, 1989)

A Wider Sky, Kyffin Williams
Ail ran yr hunangofiant, *Across the Straits*
Volume 2 of his autobiography, *Across the Straits*
(Gwasg Gomer / Gomer Press, 1991)

'Portreadau 1944–1993', Kyffin Williams / Leslie Jones
Catalog arddangosfa / Exhibition catalogue
(Oriel Ynys Môn, Llangefni, 1993)

Boyo Ballads, Kyffin Williams
(Excellent Press, 1995)
'Tirwedd' / 'Landscapes', Kyffin Williams
Catalog yr Arddangosfa / Exhibition Catalogue
(Oriel Ynys Môn, Llangefni, 1995)

Portraits, Kyffin Williams
(Gwasg Gomer / Gomer Press, 1996; arg. newydd, new ed. 2007)

The Land and the Sea, Kyffin Williams
Rhagymadrodd / Introducion:
Nicolas Sinclair
(Gwasg Gomer / Gomer Press, 1998)

Kyffin Williams – Drawings
Rhagymadrodd / Introduction:
Kyffin Williams
(Gwasg Gomer / Gomer Press, 2001)

Cutting Images, Kyffin Williams
Linocuts
(Gwasg Gregynog / Gregynog Press, 2002)

Kyffin Williams, A Studio Monograph, Gol./ Ed. Nicholas
Sinclair
(London, 2004)

Gwladfa Kyffin / Kyffin in Patagonia, Gol./ Ed. Paul Joyner
(Llyfrgell Genedlaethol Cymru / National Library of
Wales, 2004)

Kyffin Williams: Painting the Mountains,
Addasiad Sian Owen; Carolyn Davies / Lynne Benn
(Gwasg Gomer / Gomer Press, 2005)

Kyffin in Venice, David Meredith
(Gwasg Gomer / Gomer Press, 2006)

The Art of Kyffin Williams,
Nicholas Sinclair and Rian Evans
(Royal Academy Publications, 2007)

Kyffin: A Celebration, Gol./ Ed. Derec Llwyd Morgan
(Gwasg Gregynog / Gregynog Press, 2007)

Obsessed, David Meredith & John Smith
Bywgraffiad / Biography of Kyffin Williams
(Gwasg Gomer / Gomer Press, 2012)

Golau ar y Gamlas
/ Drawn to the Light,
David Meredith
Kyffin Williams a Fenis
/ Kyffin Williams and
Venice
(Cyngor Sir Ynys Môn
/ Isle of Anglesey
County Council, 2013)

ARDDANGOSFEYDD UNIGOL KYFFIN
SOLO EXHIBITIONS

1948 Oriel Colnaghi, Llundain
Colnaghi's Gallery, London

1951 Orielau Leicester, Llundain
Leicester Galleries, London

1954 Orielau Leicester, Llundain
Leicester Galleries, London

1955 Oriel Luniau ac Amgueddfa
Glynn Vivian, Abertawe
Glyn Vivian Museum and Art
Gallery, Swansea

1957 Orielau Leicester, Llundain
Leicester Galleries, London

1959 Oriel Howard Roberts, Caerdydd
Howard Roberts Gallery, Cardiff

1961 Orielau Leicester, Llundain
Leicester Galleries, London

1965 Oriel Colnaghi, Llundain
Colnaghi Galleries, London
Oriel Howard Roberts, Caerdydd
Howard Roberts Galleries, Cardiff

1966 Orielau Leicester, Llundain
Leicester Galleries, London

1968 Oriel Howard Roberts, Caerdydd
Howard Roberts Gallery, Cardiff
Oriel Tegfryn, Porthaethwy
Tegfryn Gallery, Menai Bridge

1970 Oriel Colnaghi, Llundain
Colnaghi's Gallery, London
Orielau Leicester, Llundain
Leicester Galleries, London

Oriel Tegfryn, Porthaethwy
Tegfryn Gallery, Menai Bridge

1971 Eisteddfod Genedlaethol Cymru
National Eisteddfod of Wales

1975 Oriel yr Albany, Caerdydd
Albany Gallery, Cardiff
Oriel y Thackerey, Llundain
Thackerey Gallery, London

1976 Oriel Tegfryn, Porthaethwy
Tegfryn Gallery, Menai Bridge

1977 Oriel yr Albany, Caerdydd
Albany Gallery, Cardiff
Oriel y Thackerey, Llundain
Thackerey Gallery, London

1978 OrielTegfryn, Porthaethwy
Tegfryn Gallery, Menai Bridge

1979 Oriel yr Albany, Caerdydd
Albany Gallery, Cardiff
Oriel y Thackerey, Llundain
Thackerey Gallery, London

1980 OrielTegfryn, Porthaethwy
Tegfryn Gallery, Menai Bridge

1981 Oriel yr Albany, Caerdydd
Albany Gallery, Cardiff
Cymdeithas Bensaernïol, Llundain
Architectual Association, London
Oriel Baldon, Hurstbourne, Tarrant
Baldon Gallery, Hurstbourne, Tarrant
Llyfrgell Genedlaethol Cymru,
Aberystwyth

The National Library of Wales,
Aberystwyth
Oriel Stone, Newcastle upon Tyne
Stone Gallery, Newcastle upon Tyne
Oriel y Thackerey, Llundain
Thackerey Gallery, London
Coleg y Brifysgol, Abertawe
University College, Swansea

1982 Oriel Tegfryn, Porthaethwy
Tegfryn Gallery, Menai Bridge

1983 Oriel yr Albany, Caerdydd
Albany Gallery, Cardiff
Oriel y Thackerey, Llundain
Thackerey Gallery, London

1985 Oriel yr Albany, Caerdydd
Albany Gallery, Cardiff
Oriel y Thackerey, Llundain
Thackerey Gallery, London

1987 Oriel yr Albany, Caerdydd
Albany Gallery, Cardiff
Oriel Luniau ac Amgueddfa Glyn
Vivian, Abertawe
Glynn Vivian Museum and Art
Gallery, Swansea
Oriel Gelf Mostyn, Llandudno
Mostyn Art Gallery, Llandudno
Amgueddfa Genedlaethol Cymru,
Caerdydd
National Museum of Wales, Cardiff
Oriel y Thackerey, Llundain
Thackerey Gallery, London

1989 Oriel yr Albany, Caerdydd
Albany Gallery, Cardiff
Oriel y Thackerey, Llundain
Thackerey Gallery, London

1991 Oriel Plas Glyn-y-Weddw,
Llanbedrog
Plas Glyn-y-Weddw Gallery,
Llanbedrog
Oriel Tegfryn, Porthaethwy
Tegfryn Gallery, Menai Bridge

1993 Oriel Ynys Môn, Llangefni
Oriel yr Albany, Caerdydd
Albany Gallery, Cardiff
Oriel y Thackerey, Llundain
Thackerey Gallery, London

1997 Oriel yr Albany, Caerdydd
Albany Gallery, Cardiff

1998 Oriel y Thackerey, Llundain
Thackerey Gallery, London
Oriel Plas Glyn-y-Weddw,
Llanbedrog
Plas Glyn-y-Weddw Gallery,
Llanbedrog

2000 Oriel yr Albany, Caerdydd
Albany Gallery, Cardiff
Oriel y Thackerey, Llundain
Thackerey Gallery, London

2002 Oriel yr Albany, Caerdydd
Albany Gallery, Cardiff
Oriel y Thackerey, Llundain

Thackerey Gallery, London

2004 Oriel yr Albany, Caerdydd
Albany Gallery, Cardiff

2006 Oriel yr Albany, Caerdydd
Albany Gallery, Cardiff
Bu farw Kyffin ar 1 Medi 2006
Kyffin died on 1 September 2006
Agorodd yr Arddangosfa ar
15 Medi 2006
The Exhibition opened on
15 September 2006

2006 Arddangosfa er cof am Kyffin
yn Oriel y Thackeray, Llundain
Exhibition in memory of Kyffin,
Thackerey Gallery, London

ARDDANGOSFEYDD Y CANMLWYDDIANT
CENTENARY EXHIBITIONS

Kyffin
100
2018

Oriel Môn, Llangefni
(3 Chwefror – 1 Gorffennaf /
3 February – 1 July)

Llyfrgell Genedlaethol Cymru /
The National Library of Wales
(16 Chwefror – 1 Medi / 16 February
– 1 September)

Amgueddfa Genedlaethol Cymru,
Caerdydd / National Museum Wales, Cardiff

Thackerey Gallery, London

Oriel Hwlffordd / Haverford West Gallery
(Hydref 2018 / October 2018)

Oriel yr Albany, Caerdydd / Albany
Gallery, Cardiff
(10 Mai – 2 Mehefin / 10 May – 2 June)

Oriel Glynn Vivian, Abertawe / Glynn
Vivian, Swansea

MOMA, Machynlleth
(24 Ebrill – 23 Mehefin / 24 April – 23 June)

Y Senedd, Bae Caerdydd / National
Assembly, Cardiff Bay
(2 Hydref – 31 Hydref / 2 October –
31 October)

Oriel Plas Glyn-y-Weddw, Llanbedrog,
Pwllheli

Oriel Tegfryn, Porthaethwy / Oriel
Tegfryn, Menai Bridge (May 2018)

Ysgol Highgate, Llundain / Highgate
School, London
(Medi 2018 / September 2018)

The Highgate Literary and Scientific
Institution, Llundain / London
(Medi 2018 / September 2018)

Yr Academi Frehinol Gymreig, Conwy /
Royal Cambrian Academy, Conwy
(5 Mai – 30 Mehefin / 5 May – 30 June)

Galeri Thackeray, Kensington, Llundain /
Thackeray Gallery, Kensington, London
(Mai 2018 / May 2018)

DIOLCHIADAU

Gydag ymddiriedolaeth Syr Kyffin Williams yn arwain dathliadau canmlwyddiant ei eni yn 1918, rhaid diolch i Gyhoeddiadau Barddas am yr argraffiad newydd, amserol hwn. Diolch yn arbennig i Olwen Fowler, dylunydd yr argraffiad newydd, ac i Elena Gruffudd, Golygydd Creadigol Cyhoeddiadau Barddas.

Ar gyfer yr argraffiad cyntaf yn 2008 cefais y cyfle i ddiolch i nifer helaeth o bobl a wnaeth y llyfr yn bosibl, rhai bellach, ysywaeth wedi'n gadael; hiraethaf amdanynt – roedd ac y mae eu cyfraniad yn loyw ac yn amserol. Diflannodd rhai cwmnïau a sefydliadau ond erys eraill yn ddigyfnewid, fel yr oeddent yn 2008 – mawr fy nyled iddynt.

Diolch hefyd i'r Llyfrgell Genedlaethol am y nawdd tuag at y defnydd o baentiadau Kyffin sydd o fewn eu hawlfraint, ac i Oriel Môn am gael defnyddio ffotograffau o Kyffin a pheintiadau ganddo sydd o fewn hawlfraint yr Oriel. Diolch.

David Meredith, Chwefror 2018

GRATITUDE

With the Kyffin Williams Trust leading the centenary celebrations of Sir Kyffin's birth in 1918, I wish to thank Cyhoeddiadau Barddas for this new edition of *Bro a Bywyd Kyffin Williams, His Life, His Land.* I am particularly grateful to Olwen Fowler the book designer of this new publication, and also Elena Gruffudd, Creative Editor for Cyhoeddiadau Barddas.

For the first edition, published in 2008 I was given the opportunity to thank a host of individuals and establishments that gave invaluable assistance and who made this book possible; alas, several helpful individuals are no longer with us, and I mourn their passing. Some of those who helped in 2007 have changed jobs and titles, but several organisations, companies and establishments have remained unchanged. I thank them all today, in 2018 as I did in 2007.

A special thank you to the National Library for its sponsorship towards the cost regarding the use of Kyffin's paintings within the Library's copyright and to Oriel Môn for permission to use paintings and photographs from their Kyffin collection. Diolch.

David Meredith, February 2018

DIOLCHIADAU'R ARGRAFFIAD GWREIDDIOL

Carwn ddiolch i Gyhoeddiadau Barddas am fy ngwahodd i baratoi'r llyfr yma a hynny drwy law Elwyn Edwards, y Bala, a chael y cyfle a'r hyfrydwch i gydweithio unwaith yn rhagor gydag Alan Llwyd, y bardd a'r llenor a golygydd y gyfres Bro a Bywyd. Diolch i'r Llyfrgell Genedlaethol, drwy Ann Ffrancon, Pennaeth yr Isadran Mynediad a Marchnata, am gymorth caredig ynglŷn â nifer o luniau, i'm cyfaill John Hefin am bob cymorth a chydweithrediad ac ysbrydoliaeth yn ystod cyfnod paratoi'r gwaith hwn, i oriel luniau'r Tegfryn ym Mhorthaethwy, Môn, am eu haelioni, ac i Mrs Mary Yapp, Oriel yr Albany yng Nghaerdydd, am ei help yn ystod y blynyddoedd diwethaf hyn, ac i Sarah Macdonald-Brown, Oriel y Thackeray yn Kensington, Llundain, am ei chymorth gyda lluniau a gwybodaeth. Diolch i John Roberts, golygydd lluniau'r *Daily Post*, ac i Mark Brittain o'r un papur, am eu caniatâd i ddefnyddio lluniau safonol Gerallt Radcliffe o'r gwasanaeth yn Eglwys Gadeiriol Bangor ac Eglwys Llanfair-yng-Nghornwy, a'i luniau o stiwdio Kyffin. Diolch i Karen Price a Hannah Jones o'r *Western Mail* am bob help, yn ôl yr arfer. Gwnaeth Gareth Lloyd

Hughes, prif dynnwr lluniau'r Llyfrgell Genedlaethol, waith anhepgorol a mawr iawn fy niolch iddo. Diolch i Gwyn Jenkins, Cyfarwyddwr Gwasanaethau Casgliadau'r Llyfrgell Genedlaethol, am ei ddiddordeb yn y prosiect hwn ac am ei gymorth. Bûm yn ffodus i allu manteisio ar farn a gwybodaeth Paul Joyner, Pennaeth Uned Pwrcasu a Rhoddion y Llyfrgell Genedlaethol, a chael defnydd o gasgliad unigryw'r Llyfrgell o baentiadau Kyffin. Yno mae'r casgliad mwyaf yn y byd o'i waith. Diolch i Andrew Green , y Llyfrgellydd Cenedlaethol, am ei ddiddordeb yn y llyfr a'i gefnogaeth. Manteisiais yn helaeth ar gasgliad ardderchog Oriel Ynys Môn o luniau teuluol cyfnod cynnar Kyffin a'i holl baentiadau dyfrlliw gwych o'i hoff Fôn. Diolchiadau anferthol i John Smith o Oriel Ynys Môn, arbenigwr ar Kyffin a'i waith, am rannu o'i ddysg a'i ddawn, ac i Alun Gruffydd ac yntau am gymorth parod a rhwydd bob amser. Diolch i Gwenda Griffith, Fflic, cynhyrchydd *Reflections in a Gondola*, am gael defnyddio nifer o luniau trawiadol o'r rhaglen honno (hawlfraint Fflic) ac i John Hefin, Stephen Kingston, Rhodri Davies a Gwenda Griffith ei hun am ganiatâd i ddefnyddio nifer o luniau yn ystod yr ymweliad hanesyddol â dinas Fenis lle bu Kyffin yn Frenin ar y gamlas fawr! Diolch i Myfanwy ac Ifor Lloyd am

eu lluniau o Kyffin. Rhannai Kyffin eu hoffter o'r Cob Cymreig, a dangosodd ei allu rhyfeddol i'w portreadu. Diolch hefyd i Alun Ifans, Prifathro Ysgol Casmael, Sir Benfro. Tystia Alun i Kyffin fod yn hael i'r ysgol gyda'i brintiau llofnodedig a byddai'n falch o weld plant pan ymwelai ysgolion â Phwllfanogl. Diolch i Dr Ann a Dr Glyn Rhys am bob cymorth, cyfeillion agos i Kyffin, ac am eu croeso amserol, cyson. Diolch i Nicholas Sinclair, Hove, ac i Sally Goddard, Bangor, am eu cymorth a'u cydweithrediad. Diolch i BBC Cymru/Wales drwy law Marian Wyn Jones, Pennaeth Gogledd Cymru, am hawl i ddefnyddio lluniau Kyffin ym Mryn Meirion, Bangor. Diolch i'r mawrion, James Nicholas, Gwyn Thomas a Derec Llwyd Morgan am gael defnyddio eu cerddi o fawl i Kyffin. I Elin Wynn Meredith rwy'n ddiolchgar am luniau o fannau pwysig ym mywyd Kyffin yng Nghymru a'i lluniau o Batagonia. Cyflawnodd Evan Dobson, y Bala, orchestweithiau gyda'i luniau meistrolgar. Bu'n graig i'r prosiect hwn – a diolchaf iddo o'r galon. Diolch i swyddogion Orielau'r Cambrian yng Nghonwy am fy ngwahodd i agor arddangosfa o waith Kyffin ac am eu cymorth ynglŷn â lluniau. Rwy'n ddyledus i Rolf Harris am ganiatâd i gynnwys ei bortread o Kyffin ac i Gwmni Teledu Tinopolis am y cyfle i drafod y llun hwnnw ar y teledu. Diolch i Chris Butler am y llun o gerflun o ffarmwr a'i gi a'i hwrdd ar faes y Sioe Amaethyddol yn Llanelwedd, ac i Gymdeithas Frenhinol Amaethyddol Cymru am yr hawl i'w atgynhyrchu – roedd Kyffin yn gyfaill da i'r byd amaethyddol a seiliwyd y portread o ffarmwr gan Chris Kelly, y cerflunydd, ar un o bortreadau Kyffin.

Diolch i Wasg Gomer, cyhoeddwyr llyfrau meistrolgar ar waith Kyffin, am hawl i ddyfynnu o'r cyhoeddiadau *Across the Straits*, *A Wider View* a *Kyffin in Venice*. Dyfynnais o gyhoeddiadau Cymdeithas Gelfyddydau Gogledd Cymru, a diolch i Llion Williams, Cyn-gyfarwyddwr y Gymdeithas, am hawl i'w ddyfynnu o sawl cyhoeddiad.

Mawr yw fy niolch i David Smith, pennaeth Adran Ffiseg Ysgol Highgate, a thrwyddo ef i'r ysgol, am eu help ynglŷn â chyfnod Kyffin yn Highgate. Credaf weithiau mai Mona Roberts yw gwir awdur y llyfr hwn. Diolchaf o galon iddi am droi'r traed brain yn eiriau dealladwy. Mawr iawn yw fy niolch i Elis Owen, Prif Weithredwr goleuedig ITV yng Nghymru, am ganiatáu i mi ddefnyddio delweddau cofiadwy o Kyffin gan feistr ar y gelfyddyd weledol, Gareth Owen (dyn camera), o'r rhaglen *Arlunwyr – Kyffin Williams*, y cefais y fraint o'i chyflwyno, S4C/HTV (cynhyrchydd:

Carol Byrne Jones) a hefyd y defnydd o luniau o'r rhaglen *Etcetera ... Etcetera ...* cyflwynydd Kenneth Griffith, ac i Bryn Roberts, Prif Weithredwr blaengar Barcud Derwen, a Chyn-gadeirydd BAFTA yng Nghymru, am gymorth caredig iawn ynglŷn â chynhyrchu delweddau. Diolchaf hefyd i Lefi Gruffudd a Robat Gruffudd am eu cymorth caredig.

Carwn bwysleisio ac ailnodi na fyddai'r cyhoeddiad hwn yn bosibl heb gymorth arbennig dau gorff, Oriel Ynys Môn, Llangefni, Sir Fôn (albwm teuluol, dyfrlliwiau a lluniau eraill) a Llyfrgell Genedlaethol Cymru, Aberystwyth (Casgliad Patagonia a lluniau eraill). Rhoddodd Kyffin gannoedd ar gannoedd o'i baentiadau o'i waith artistig yn rhodd i'r sefydliadau hyn, yn ogystal â'i albwm o luniau teuluol. Gellir cysylltu â hwy er mwyn astudio ei waith.

Carwn ddiolch yn arbennig i'r Cynllunydd a mwy na chynllunydd – yn wir darllenwr meddyliau, sef Dafydd Llwyd. Byddai wedi bod, ar brydiau, yn anodd gweld pen y daith heb ei weithredu proffesiynol deallus a chreadigol. Diolch, Dafydd, a llwyddiant i'th gwmni. Diolch i Gruffydd Meredith am fod yn olygydd lluniau ac i Grŵp Teledu Boomerang, Caerdydd, am eu cefnogaeth a'u sêl dros y celfyddydau yng Nghymru.

Rwyf mor falch i allu diolch i wŷr a gwragedd Gwasg Dinefwr am eu gofal a'u caredigrwydd.

Diolch i Roderick Thomson, cyn-ddisgybl i Kyffin yn Highgate, am hawl i gyhoeddi ei sylwadau yn y *Times*. A diolch i'r *Times* am eu cymorth caredig hwy.

Diolch arbennig i Elfed Roberts, Cyfarwyddwr yr Eisteddfod Genedlaethol, am ganiatâd i ddefnyddio deunydd o daflen arddangosfa Patagonia Kyffin, Eisteddfod Bangor a'r Cylch 1971, a phoster 'Môn a Menai'.

Carwn ddiolch i Dr Whitley o Amgueddfa'r Ashmolean, Rhydychen, am ei gymorth, ac i Awdurdodau'r UCL, Llundain, am eu help ynglŷn â lun y Slade.

Tynnwyd lluniau o Kyffin yn y dosbarth yn Ysgol Highgate gan y diweddar Crispin Urich.

Gwasg y Bala a gyhoeddodd *Y March Coch*.

Diolch i Mary Lynes-Edwards am ei chroeso yn Llanfair-yng-Nghornwy.

Diolchaf i William Owen, Golygydd *Y Cymro*, am ganiatâd i ddyfynnu o'm herthygl fy hun – y deyrnged a ymddangosodd yn *Y Cymro* wedi marwolaeth Kyffin, ac i'r *Western Mail* am gael dyfynnu o'm herthygl i'r papur adeg cyhoeddi *Kyffin in Venice*. Diolch i James Dean Bradfield am ei gymorth ynglŷn â lluniau o'i gryno-ddisg *Great Western*, ac am ei gwmni ar y trên! Bu Cathrin Williams, arbenigwraig ar Batagonia, yn gymorth mawr gyda'i lluniau o Luned Gonzáles a Tegai Roberts – diolch. Mawr ddiolch hefyd i'r Academi am gael dyfynnu geiriau treiddgar Elis Gwyn o'r cylchgrawn *Taliesin*, Nadolig 1987.

Diolch i S4C am hawl i gyhoeddi llun Kyffin o'r rhaglen deyrnged iddo ar *Y Sioe Gelf*, a diolch i Gwmni Da am fod yn wirioneddol dda! Diolch i Gruff Davies, un o gyfarwyddwyr Boomerang, am hawl i ddefnyddio'r lluniau o'r Wladfa o'r rhaglen *Bandit* (S4C) ar M. C. Mabon yn ymweld â'r Wladfa i recordio cryno-ddisg o'i gerddoriaeth. Aeth Mabon â chyfarchion Kyffin, ar ei gais, i Luned Gonzáles yn y Gaiman. Mae'r hawlfraint ar y casgliad o luniau Kyffin sydd ym meddiant Oriel Ynys Môn yn eiddo i'r Oriel. Mawr ddiolch am gael yr hawl i'w hatgynhyrchu. Diolch i Tegwen a John Albert Evans am ddarparu copi o waith celf gan Kyffin ar gyfer poteli gwin 'Pant Teg'. Darparwyd y llun o'r botel, ond nid y gwin! Diolch i DACS ac Ystâd y diweddar annwyl Kyffin Williams am hawl i ddefnyddio nifer o luniau sydd o fewn eu hawlfraint ac am fod yn eangfrydig ynglŷn â hyn.

Diolch i Gwyn Jones, Oriel Glyn-y-Weddw, Llanbedrog, am ei gymorth parod.

Coleg Aberystwyth yw perchen y portread o Syr David Hughes Parry (roedd Kyffin yn falch ohono).

Diolch i Amgueddfa Genedlaethol Cymru am hawl i ddefnyddio eu portread rhagorol o Dr Huw T. Edwards. Yr Amgueddfa Genedlaethol hefyd yw perchen y llun gan Amico Aspertini.

Gwasg Gregynog sydd berchen ar hawliau gwaith celf 'Kyffin, a Celebration', diolch am gael ei arddangos.

Addaswyd 'y goeden deuluol' o *Across the Straits* (Gwasg Gomer).

Diolch i Rhidian Griffiths, Llyfrgell Genedlaethol Cymru, am ei gymorth parod.

Parchai Kyffin ddawn y cynllunydd a'r pencampwr llythrennu byd-enwog Ieuan Rees, ac ef a ddymunai Kyffin i gynllunio'i garreg fedd ym mynwent Llanfair-yng-Nghornwy. Carreg fedd ddiaddurn i ŵr dirodres!

David Meredith

GRATITUDE FROM THE ORIGINAL PUBLICATION

I wish to thank Barddas through Elwyn Edwards, of Bala, for inviting me to be editor of this book, the first book in the *Bro a Bywyd* series to feature an artist and also the first bilingual *Bro a Bywyd*. Editing *Kyffin Williams: His Life, His Land*, meant that I had the pleasure and privilege of working once again with Alan Llwyd, the poet and literary figure and the *Bro a Bywyd* series editor.

Thank you to the National Library of Wales for permission to reproduce several paintings and photographs from their collections, and to Ann Ffrancon, the Library's Head of Access and Marketing Section, for her help and assistance. Thank you to my friend John Hefin for his advice and assistance in the preparation of this book, to all at the Tegfryn Art Gallery, Menai Bridge, for their ready assistance, and to Mrs Mary Yapp of the Albany Gallery Cardiff for her help over many years; to Sarah Macdonald-Brown of the Thackeray Gallery, Kensington, London, for giving me advice and help. These three galleries played a central role over many years, in exhibiting, promoting and selling Kyffin's paintings. Thank you to John Roberts, picture editor of the *Daily Post*, for permission to use Gerallt Radcliffe's moving photographs of the services at Bangor Cathedral and Llanfairyng-Nghornwy, and his photographs of Kyffin's studio, and to Mark Brittain of the same paper for his support and interest. I thank Karen Price and Hannah Jones of the *Western Mail* for their support at all times, as usual. Gareth Lloyd Hughes, chief photographer at the National Library, was extremely helpful in every aspect. I am very grateful to him. Thank you to Gwyn Jenkins, Director of Collection Services at the National Library, for his interest in this book and for his continued support. I have greatly benefited from the expertise of Paul Joyner, Head of the Purchasing and Donations Unit at the National Library, and have made use of the Library's unique Kyffin Collection – the largest Kyffin collection in the world. I wish to thank Andrew Green, the National Librarian, for his interest in this book; Kyffin thought the world of the National Library and was extremely generous to our National Institution over many years. Oriel Ynys Môn at Llangefni, Anglesey, played a special part in Kyffin's life and in the preparation of this book, witness the photographs of Kyffin's early period and his watercolour paintings of his beloved Anglesey. I wish to thank John Smith for sharing with me his recollections of Kyffin's life and his expert detailed knowledge of his work. Alun Gruffydd until recently at Oriel Ynys Môn was also extremely helpful. Both John and Alun gave unhindered access to their Kyffin treasure trove. Diolch. I thank Gwenda Griffith of Fflic Ltd Cardiff, the producer of the classic documentary *Reflections in a Gondola*, for permission to use shots from the programme (Fflic copyright) and to John Hefin, Stephen Kingston, Rhodri Davies and Gwenda herself for the use of individual photographs during Kyffin's historical visit to Venice and his memorable Gondola trip on the Grand Canal!

Thank you to Myfanwy and Ifor Lloyd, Pennant, for the use of their letters and photographs – Kyffin shared their love of Welsh Cobs, horses he portrayed with such brilliance.

Many thanks to Alun Ifans, Headmaster of Casmael, Pembrokeshire. Alun was witness to Kyffin's generosity to the schools of Wales.

Thank you Dr Ann and Dr Glyn Rhys, personal friends of Kyffin, for your welcome and advice, irrespective of time! I wish to thank Nicholas Sinclair of Hove and Sally Goddard of Bangor for their help and support which has been central, in my mind, in undertaking this work.

Thank you to Marian Wyn Jones, Head of Centre BBC North Wales, for permission to use photographs of Kyffin at BBC Bangor.

Thank you to the poets James Nicholas, Gwyn Thomas and Derec Llwyd Morgan for the right to publish their poems of praise for Kyffin. Kyffin always took great interest in Welsh poetry.

To Elin Wynn Meredith I extend thanks for her photographs of some important locations in Kyffin's life and for her Patagonian photographs during her visit to Trelew, the Gaiman and Esquel.

Evan Dobson's photographic excellence and skill has been invaluable – he has been a tower of strength – my profuse thanks. I thank the officials at the Royal Cambrian Art Galleries, Conwy, where Kyffin was President, for their willingness to help at all times. I thank Rolf Harris for permission to reproduce his portrait of Kyffin and to Tinopolis Television of Llanelli, Cardiff and Caernarfon for the opportunity to discuss the painting in one of their programmes for S4C. Thank you Chris Butler, Chairman of Castle Fine Arts, the ground-breaking Foundry at Llanrhaeadr-ym-mochnant, for his photograph of the Centenary Sculpture at the Royal Welsh Showground where the farmer portrayed in bronze was based on one of Kyffin's portraits (sculptor – Chris Kelly). I thank the Royal Welsh Agricultural Society for the right to use the photograph of their sculpture and of the centenary CD cover.

I thank the stalwarts at Dinefwr Press, Llandybïe, for so much kindness and practical help and congratulate them on the high standard of their publications.

Permission from Gomer, the book publishers of Llandysul, Ceredigion, through Mairwen Prys Jones, to quote from their masterly books on Kyffin's art, has been pivotal to the project. I refer specifically to *A Wider Sky*, *Across the Straits* and *Kyffin in Venice*. I have quoted from the North Wales Association of the Arts' publications – from their published Kyffin lectures – and I thank the former-director, Llion Williams, who knew Kyffin so well, for permission to quote him *re* Kyffin's portraits.

I am indebted to Dafydd Llwyd for his designing and creative skills and for his enthusiasm for *Kyffin Williams: His Life, His Land*. It would have been difficult to complete the production demands without his help. I thank Gruffydd Meredith, Cardiff, for his work as picture editor for me, and Boomerang Television Group Cardiff for their help at all times and their support for the Arts in Wales.

I thank Mona Roberts for her usual high standard of interpretation and for being a perfectionist. I am deeply indebted to Elis Owen, the enterprising and go-ahead Managing Director of ITV Wales, for allowing me to use in print priceless television shots by ace cameraman Gareth Owen of Kyffin on location at Rhostryfan, Llanddwyn and Nant Peris from the *Artists* series which I had the pleasure of presenting (HTV and S4C), and to Owain Meredith and his colleagues at ITV Wales for their practical help. Bryn Roberts, Chief Executive of Barcud Derwen, has my sincere thanks for the excellent technical assistance of his dynamically led company. Many, many thanks to David Smith, Head of Physics at Highgate and through him to Highgate School for tremendous assistance *re* Kyffin's years as Art Teacher at Highgate. Lefi and Robat Gruffudd of Y Lolfa have been a great help – thank you.

Many thanks to Roderick Thomson, one of Kyffin's former pupils at Highgate, for permission to quote his excellent remarks *re* Kyffin in 'Lives Remembered', in *The Times* newspaper, September 16, 2006, and to *The Times* for being so helpful and excellent.

I thank Elfed Roberts, Director of the National Eisteddfod, for permission to use words and graphics from Kyffin's Patagonian Exhibition Brochure at the Bangor and District National Eisteddfod, 1971.

I thank Dr Whitley of the Ashmolean Museum at Oxford for his kind assistance and the authorities at UCL, London, for being so helpful with the photo of The Slade!

Photographs of Kyffin in the classroom at Highgate School were taken by the late Crispin Urich.

Gwasg y Bala were the publishers of R. Bryn Williams' book, *Y March Coch*.

I thank Mary Lynes-Edwards for her welcome at Llanfair-yng-Nghornwy.

I wish to thank William Owen, editor of *Y Cymro*, for permission to quote from my article *re* Kyffin in his paper and to the *Western Mail* likewise. I thank James Dean Bradfield for the use of graphics regarding his CD *Great Western*, and for a memorable train journey. Thank you to Cathrin Williams, the Patagonian expert, for her photographs of Luned Gonzáles and Tegai Roberts, and many thanks to the

Academy for allowing me to quote Elis Gwyn's persceptive words about Kyffin from the Christmas edition of *Taliesin*, 1987.

Many thanks to S4C for permission to use a shot of Kyffin from the programme in his memory shown on *Y Sioe Gelf*, and thank you to the producers Cwmni Da for their help!

A special thank you to Gruff Davies, Producer/Director Boomerang Group, Cardiff, for permission to use photographs from the TV programme *Bandit* on M.C. Mabon's visit to Patagonia to record his latest CD of popular music. M. C. Mabon conveyed, at his request, Kyffin's greetings to Luned Gonzáles in the Gaiman in 2006.

Rights of photographs of Kyffin accepting University of Wales honours – University of Wales Registry. Thank you for every assistance.

I thank the authorities for a variety of photographs from the Kyffin Williams Collection, Oriel Ynys Môn.

Tegwen and John Albert Evans were most helpful in providing the wine bottle label for my use (only the label!). Thank you.

I thank DACS and the Kyffin Williams Estate for permission to use a variety of

images that are within their rights portfolio. These paintings are among Kyffin's classic works.

I thank Gwyn Jones, Glyn y Weddw Gallery, Llanbedrog, for his help. Diolch.

The portrait of Sir David Hughes Parry is owned by Aberystwyth University (Kyffin was proud of it).

Kyffin had the greatest respect for the skills and creative abilities of Ieuan Rees, the world renowned designer and caligrapher. It was Kyffin's wish that Ieuan would design his gravestone – the gravestone at Llanfair-yng-Nghornwy.

The National Museum of Wales owns the painting of Dr Huw T. Edwards. I thank the Museum for allowing me to reproduce it. The National Museum also holds the rights to the painting by Amico Aspertini.

The 'family tree' was adapted from *Across the Straits* (Gomer).

Many thanks to Rhidian Griffiths, the National Library of Wales, for his ready assistance.

Gwasg Gregynog hold the rights of 'Kyffin, a Celebration' illustrations. I thank them for their cooperation.

David Meredith

PILLGWENLLY 5/18

CYDNABYDDIAETHAU LLUNIAU
PICTURE ACKNOWLEDGEMENTS

Diolch yn arbennig i Lyfrgell Genedlaethol Cymru ac i Oriel Môn am eu caniatâd caredig i atgynhyrchu delweddau o waith Kyffin yn yr argraffiad newydd hwn.

Mae'r paentiadau canlynol yn rhan o gasgliadau preifat:

Gwastadnant t. 12
Llyn Cynwch t. 36 (casgliad Margaret a Ioan Bowen Rees)
Llanddwyn t. 44
Cader Idris, 2004 t. 56 (casgliad David Meredith)
Eglwys Clynnog t. 120 (casgliad Olwen a J. W. Meredith)

Special thanks to the National Library of Wales, and Oriel Môn for their kind permission to reproduce images of Kyffins work in this new edition.

The follwing paintings are in private ownership:

Gwastadnant p. 12
Llyn Cynwch p. 36 (Margaret and Ioan Bowen Rees' collection)
Llanddwyn p. 44
Cader Idris, 2004 p. 56 (David Meredith's collection)
Eglwys Clynnog p. 120 (Olwen and J. W. Meredith's collection)

Amgueddfa Genedlaethol Cymru / National Museum of Wales: t./p. 99 (Huw T. Edwards)

BBC Cymru: t./p. 52

Daily Post (Trinity Mirror)/ Gerallt Radcliffe: t./p. 68, 142, 144

Stephen Kingston: t./p. 129

David Meredith: t./p. 70, 72, 113-114, 116-118, 127, 129 (Danieli), 131 (KW), 132, 140

Elin Wyn Meredith: t./p 14-15, 65-67, 71, 133, 141, 143, 145, 148

Fflic: t./p. 9, 42, 127, 131

Ieuan Rees: t./p. 147

John Smith: t./p. 68 (NS+KW), 75

ITV Cymru/Wales: t./p. 60, 109

Llyfrgell Genedlaethol Cymru / The National Library of Wales: Tudalen deitl / title page t./p. 12, 36, 44, 55-56, 59-61, 63-64, 85-88, 97-99, 107, 109, 120-123, 131, 135-138

Nicholas Sinclair: t./p. 78 (KW), 114

Oriel Môn: t./p. 7-8, 14, 16-35, 37-40, 45-48, 58, 69, 73-84, 91, 92, 96, 100, 106, 128, 134

The Times: t./p. 91

Ysgol Highgate / Highgate School: t./p. 49-54, 137